Contextualizar é **reconhecer** o **significado** do conhecimento científico

INSTITUTO PHORTE EDUCAÇÃO
PHORTE EDITORA

Diretor-Presidente
Fabio Mazzonetto

Diretora-Executiva
Vânia M. V. Mazzonetto

Editor-Executivo
Tulio Loyelo

Márcia Cristina Hipólide

Contextualizar é reconhecer o significado do conhecimento científico

São Paulo, 2012

Contextualizar é reconhecer o significado do conhecimento científico
Copyright © 2012 by Phorte Editora

Rua Treze de Maio, 596
Bela Vista – São Paulo – SP
CEP: 01327-000
Tel/fax: (11) 3141-1033
Site: www.phorte.com
E-mail: phorte@phorte.com

Nenhuma parte deste livro pode ser reproduzida ou transmitida de qualquer forma, sem autorização prévia por escrito da Phorte Editora Ltda.

CIP-BRASIL. CATALOGAÇÃO-NA-FONTE
SINDICATO NACIONAL DOS EDITORES DE LIVROS, RJ

H228c

Hipólide, Márcia Cristina
   Contextualizar é reconhecer o significado do conhecimento científico / Márcia Cristina Hipólide. - São Paulo : Phorte, 2012.
   112p.

   Inclui bibliografia
   ISBN 978-85-7655-364-9

   1. História - Estudo e ensino. 2. Prática de ensino. I. Título.

12-2015.   CDD: 372.89
                        CDU: 373.3.0162:930

30.03.12   30.03.12   034122

Impresso no Brasil
Printed in Brazil

Este livro foi avaliado e aprovado pelo Conselho Editorial da Phorte Editora.
(www.phorte.com.br/conselho_editorial.php)

Aquilo que se faz por amor está sempre além do bem e do mal.

Friedrich Nietzsche

[*Humano, demasiado humano*: um livro para espíritos livres. SP: Cia das letras, 2000.]

Dedico este livro a todos os professores e estudantes que se empenham, cada vez mais, em aprimorar o conhecimento histórico.

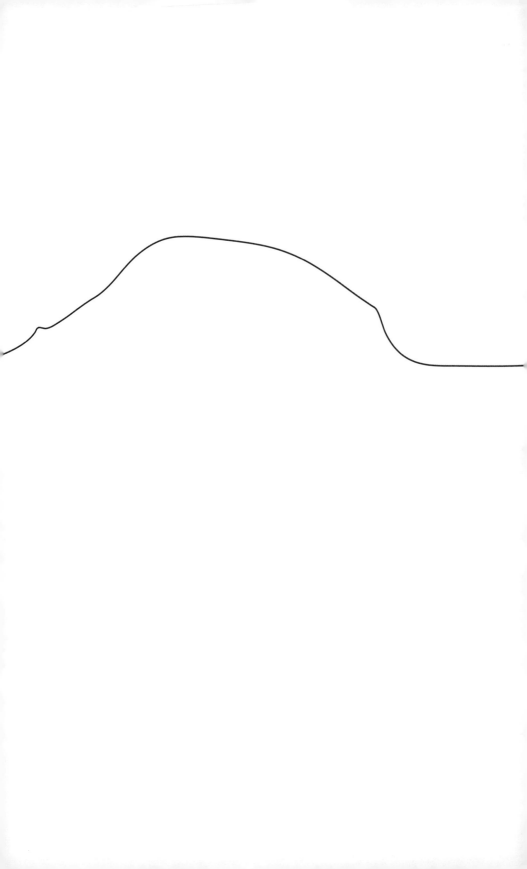

Agradecimento

Agradeço imensamente à Apparecida Marcondes pela rigidez atenta e pelo desejo de contribuir para valorizar o trabalho dedicado das professoras e dos professores brasileiros.

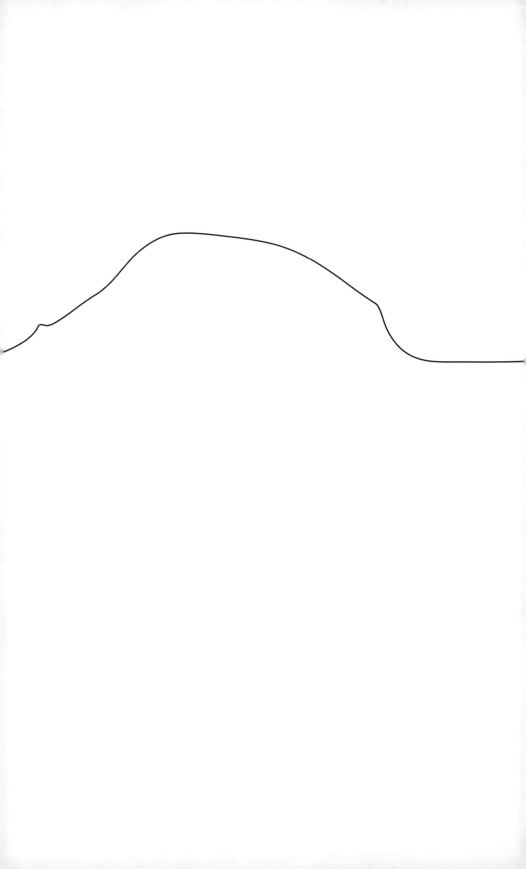

Sumário

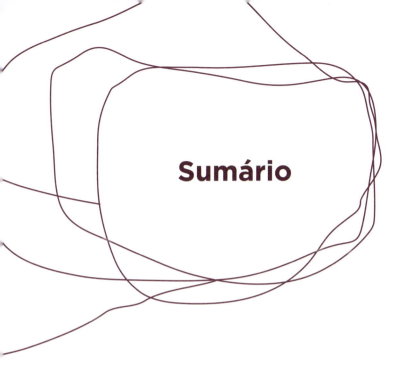

Introdução 17

1 Os desafios do conhecimento histórico 23
O elo com o passado 23
A resposta da Biologia ao imobilismo 30
Os cuidados com o trabalho educacional 32
Definindo a História 35
A "Nova História" e o *conhecimento significativo* 37
Um olhar para o presente 39
Referências 49

2 Idade Antiga 51
O elo com o passado 51

Um olhar para o presente 55
Referências 63

3 Idade Média 67
O elo com o passado 67
Um olhar para o presente 70
Referências 80

4 Idade Moderna 83
O elo com o passado 83
Um olhar para o presente 86
Referências 94

5 A História do Brasil na perspectiva da construção do espaço da cidadania 97
Desafios educacionais do século XXI 102
Um olhar para o presente 104
Referências 106

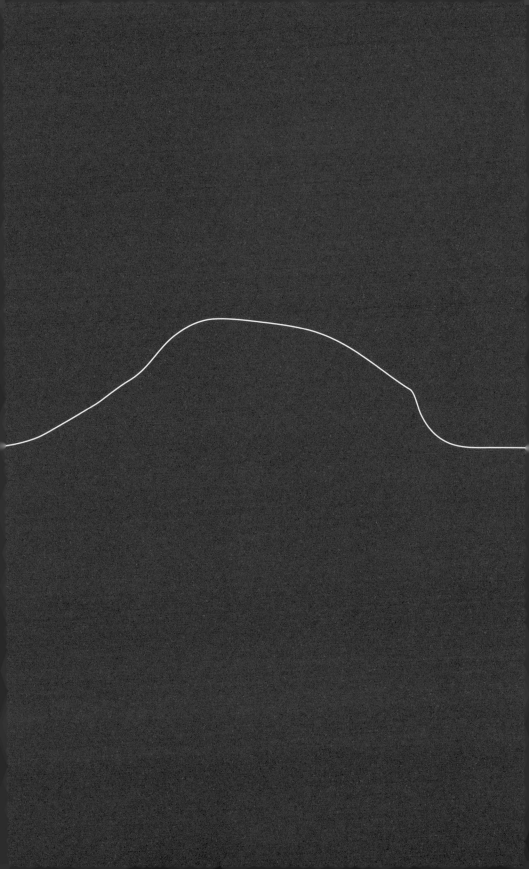

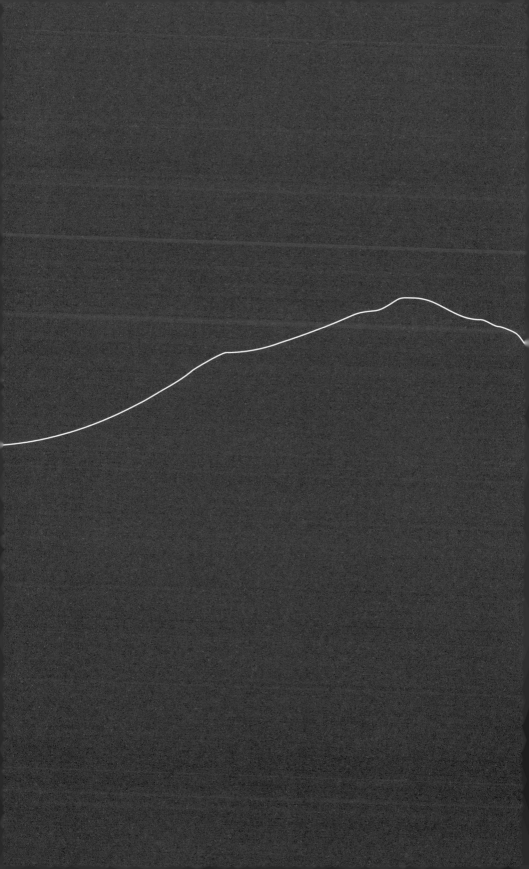

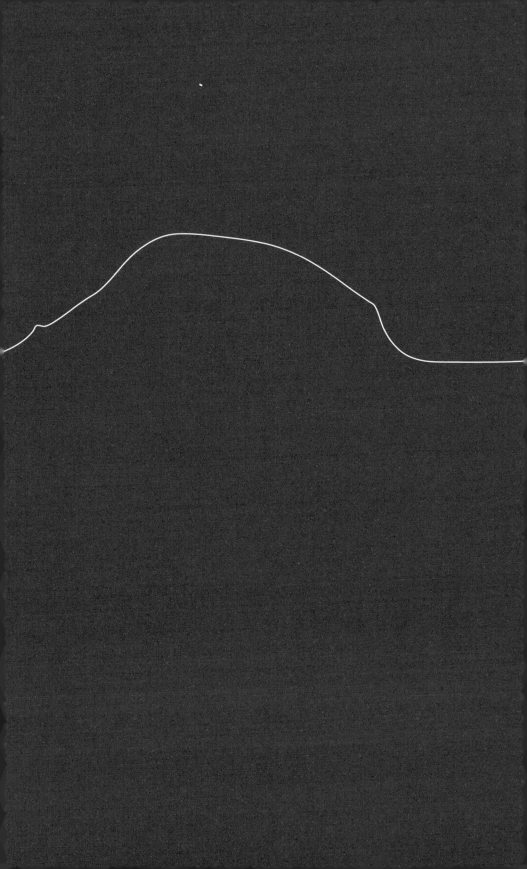

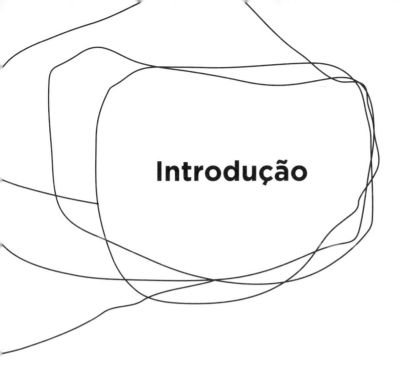

Introdução

Há pelo menos duas décadas, professores de todas as áreas do conhecimento, em todos os segmentos do ensino básico, enfrentam inúmeros desafios. Um deles, amplamente defendido pelos especialistas em Educação, é desenvolver em sala de aula o *conhecimento significativo*.

O que é, porém, o *conhecimento significativo*? Pergunta tão desafiadora quanto à sua concretização, pois professor algum considera que o conhecimento que desenvolve em sala de aula seja desprovido de significado. Entretanto, o que se observa é, apenas, que essa consideração não tem sido suficiente.

Vamos, então, a outra questão: será que o *conhecimento significativo* é obrigatoriamente aquele que sempre tem "utilidade" prática na vida do aluno? Momentaneamente, inúmeros profissionais acreditaram que sim.

O tempo, no entanto, encarregou-se de revelar que não era apenas isso, pois nem tudo o que se aprende na escola tem essa utilidade ou aplicação na prática, sistematicamente. Inúmeras vezes a vida cotidiana exige muito mais do que a prática. Por isso, é preciso compreender que o *conhecimento significativo*, também, é aquele que contribui, consideravelmente, para o processo de construção da identidade sociocultural do ser humano; no desenvolvimento de sua percepção em relação ao ambiente que o cerca; na escolha adequada das ferramentas que o auxiliam na interação com a realidade em que vive e nesta interferência; e, principalmente, na interação com o outro e com o grupo.

Objetivo do livro

Este livro é um guia composto por algumas metodologias e tem como finalidade mostrar que a *contextualização* dos *conteúdos científicos*, inseridos no Currículo Escolar e desenvolvidos em sala de aula, é um dos caminhos para se atingir o *conhecimento significativo* no segmento do Ensino Médio na área de Ciências Humanas, especificamente, na disciplina de História.

Nele, o professor encontrará a abordagem de diferentes temas ligados ao conhecimento histórico, desenvolvido em sala de aula, e serão utilizados como recursos didático-metodológicos, para comprovar que a *contextualização* pode ser um passo para o desenvolvimento do processo do *conhecimento significativo*.

Estrutura do livro

O livro distribui-se em cinco temas, que definem as seções.

Os desafios do conhecimento histórico

Neste tema o professor encontra reflexões importantes sobre alguns desafios da Educação e, ao mesmo tempo, questões que envolvem toda a discussão sobre *O que é História* e por que é importante o seu estudo. As atividades propostas na seção "Um olhar para o presente" contribuem para que o aluno se perceba enquanto sujeito histórico.

O universo da Idade Antiga

A Idade Antiga ocidental é um dos conteúdos que compõem o currículo do Ensino Médio. Contextualizá-la é um dos desafios propostos por este tema, que se utiliza, por exemplo, de uma atividade que abre um canal de comunicação entre a democracia e o espaço da cidadania hoje no Brasil, e a democracia praticada pelos atenienses no século V a.C.

O Feudalismo

Idade das Trevas ou dos Trovadores? Esse foi um dos questionamentos que o historiador Jacques Le Goff fez em seu livro *Em busca da Idade Média* (2006), que foi utilizado como uma das reflexões sobre a importância do estudo desse período, impregnado pela visão ultrapassada que o envolve, em um obscurantismo que ainda persiste em vários livros didáticos.

Nesse tema o professor encontra atividades que discutem a questão da terra, hoje, e como essa questão foi tratada durante o período medieval.

O que são Tempos Modernos?

Nesse tema, a partir do significado das palavras moderno e modernidade, o professor encontra atividades que estabelecem comparações entre o que é moderno, hoje, e o que representaram para o desenvolvimento humano as descobertas científicas, a produção artística e os avanços tecnológicos da Idade Moderna.

A História do Brasil na perspectiva da conquista do espaço da cidadania

A forma de trabalhar os conteúdos que compõem a História do Brasil tem sofrido modificações nos últimos anos. Por isso, a contextualização dessa História, necessariamente, passa por uma avaliação profunda da conquista do espaço da cidadania, pelo conjunto da sociedade brasileira, nos dias atuais. O estudo da História do Brasil na perspectiva da análise dos movimentos e revoltas sociais em busca da cidadania, e de uma sociedade menos injusta, pode ser fundamental e significativo para o processo de formação do aluno enquanto cidadão e sujeito histórico.

Cada uma das seções se organiza por:

O elo com o passado

Define e propõe uma reflexão sobre o tema da Ciência Histórica que será trabalhado ligado ao currículo estabelecido para o Ensino Médio. "O elo com o passado" é uma tentativa de iniciar uma discussão sobre a importância do estudo do passado, dando a este mobilidade, com a finalidade de fazer o aluno perceber que a História não é uma Ciência apenas focada no estudo de diferentes tempos, distantes da sua realidade, mas, em sintonia com o presente.

Um olhar para o presente

Considerando que contextualizar é uma das formas de dar significado ao conhecimento, sugerem-se atividades práticas com imagens; filmes; charges; textos produzidos pela mídia jornalística – impressa, audiovisual e eletrônica – composições e videoaudições; musicais etc., com o objetivo de, em cada tema, retirar o caráter imóvel do passado.

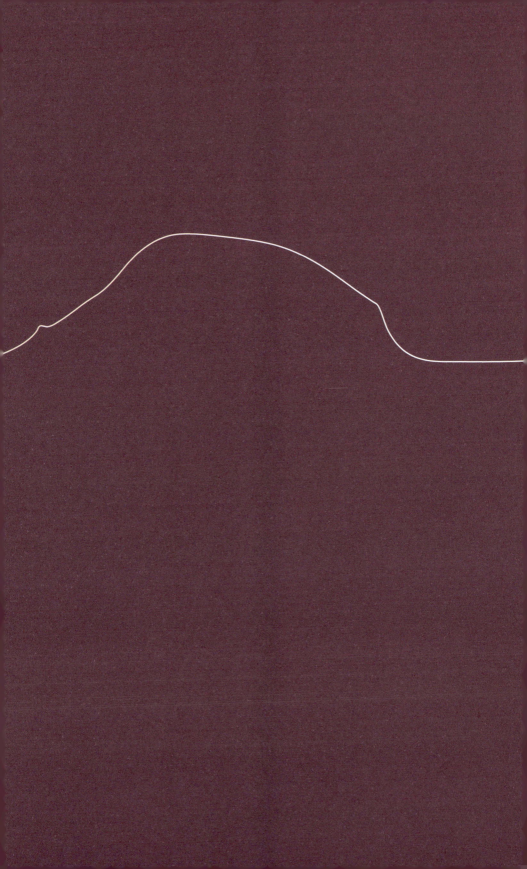

Os desafios do conhecimento histórico

O elo com o passado

Várias evidências demonstram que a Educação brasileira precisa ser repensada. Todas apontam na direção de diferentes caminhos, pois é preciso considerar que a nossa sociedade é o retrato da diversidade, tanto do ponto de vista socioeconômico quanto do cultural, e nem sempre há condições para a reprodução de modelos predeterminados e de sua aplicação, da mesma forma, em todas as regiões do País. Ao mesmo tempo existe um consenso: em qualquer segmento da Educação Básica o *conhecimento* necessita ter um *significado*, respondendo a uma questão simples: para que serve aprender determinados conteúdos?

Historicamente, o processo de aprendizagem para o ser humano sempre esteve acompanhado por vários significados, mas, nem por isso, aprender representou para o conjunto da sociedade a transformação da essência humana em seu sentido mais filosófico, portanto; a questão é mais abrangente: de que forma aprender para que essa ação tenha sentido?

Repetidas vezes depara-se com discursos que enfatizam e valorizam a Educação desenvolvida no Brasil, na década de 1970, dando a ela um *status* de modelo e exemplo de competência. Aqueles que os reproduzem se esquecem de que essa mesma Educação servia de alicerce para um Estado altamente autoritário, violento e excludente do ponto de vista social. O aluno, criteriosamente selecionado, era um mero espectador de um professor que tinha como tarefa reproduzir fatos e acontecimentos, mas seguindo à risca os objetivos do Estado apoiado pela elite: alcançar o progresso mantendo, a qualquer preço, a ordem imposta por ele.

É importante reconstituir esse discurso e os objetivos da Educação desenvolvida nessa fase. Para os que foram, ou não, estudantes nesse período, nunca é demais recuperar a memória e lembrar que, no caso específico do ensino de História, a abordagem era positivista, linear, com ênfase dada à História Geral. No caso do estudo da História do Brasil, o que se via era um desfile de heróis, autoridades e benfeitores, compostos por senhores proprietários de terras e de escravos. Raramente o professor trabalhava o Período Republicano. Não havia espaço para a reflexão, a discussão, a interação do aluno no processo da aprendizagem. O Estado, por meio da Educação, era o detentor da verdade e, portanto, dos rumos da sociedade, que era obrigada a desempenhar seu papel de espectadora. Os grupos que tentaram quebrar essa máxima foram impedidos por meio de métodos altamente repressivos. Os saudosos dessa Educação reproduzem esse discurso com a intenção de desqualificar a Educação que temos hoje.

Não se trata de negar um fato: os resultados alcançados pela atual Educação brasileira, nas últimas e diferentes avaliações, revelam que se está muito distante do ideal, mostram também que há muito que repensar e fazer. Porém, hoje, reflexões e ações estão na pauta de diversos teóricos e professores, atingindo alguns resultados importantes que acabam se transformando em alternativas ou até mesmo soluções para determinados desafios em diferentes regiões do País, influenciando e interferindo diretamente na maneira de se compreender a relação ensino-aprendizagem. Essas ações mantêm um estado permanente de atenção, a fim de somar esforços para encontrar soluções que viabilizem, de fato, a Educação como meio para a construção de diferentes saberes e instrumentos para a conquista constante do espaço da cidadania.

É preciso, também, recorrer à memória e constatar que o estágio da atual Educação brasileira é reflexo de anos de governos comprometidos apenas com uma parcela da população. À medida que o processo de democratização iniciava seu curso e as "máscaras" da perfeição, austeridade e competência começavam a cair, os problemas se avolumavam, provocando, portanto, a sensação de que eram intransponíveis. Isso não significa que as camadas mais pobres da sociedade tenham, hoje, uma escola de qualidade; pelo contrário, em vários municípios é possível identificar situações inimagináveis — "escola pobre para pobre" —, contudo, encontram-se, em outros municípios, experiências interessantes que têm contribuído para modificar o quadro e a qualidade da Educação dos grupos sociais menos favorecidos.

O aluno no centro do processo de aprendizagem

Assim, o principal objetivo deste livro é mostrar que é cada vez mais necessário e importante desenvolver em sala de aula uma visão, uma atitude que tenha como primeira preocupação colocar e manter o aluno no centro do processo da aprendizagem, e que o *conhecimento* seja *significativo* e possa contribuir para o crescimento e o desenvolvimento de homens e mulheres capazes de enfrentar os desafios materiais, ambientais e, sobretudo, humanos do seu tempo. Portanto, contribuir para uma Educação de qualidade.

> Não se conhece a infância; no caminho das falsas ideias que se têm, quanto mais se anda, mais se fica perdido. Aos mais sábios prendem-se ao que aos homens importa saber, sem considerar o que as crianças estão em condições de aprender. Procuram sempre o homem na criança, sem pensar no que ela é antes de ser homem[...]. (Rosseau, 1995)

No fragmento do livro *Emílio ou Da educação* (1995), o filósofo Jean-Jacques Rousseau (1712-1778) já considerava, no século XVIII, a importância de conhecer o universo da criança (aqui, estendido também para o adolescente), como um dos primeiros passos para educar, ou, numa linguagem mais próxima de nosso objetivo, construir o *conhecimento* como forma de posicionar esse jovem no centro do processo da aprendizagem, levando em consideração as características de seu universo.

Os professores, particularmente, os que estão dentro da sala de aula, sempre desenvolveram e desenvolvem seus trabalhos com a certeza de que estão em sintonia tanto com o entendimento desse universo como atribuindo significado a esse *conhecimento*.

Nos últimos vinte anos, porém, essa certeza vem sendo desconstruída, em razão das mudanças sociais, políticas, econômicas e culturais do Brasil, e das características, necessidades e desafios do mundo globalizado, o que dá ao *conhecimento significativo* um caráter de essencialidade dentro da sala de aula. Se, no passado, os professores consideravam importante o que "ensinavam", no presente, essa consideração não condiz mais com a realidade, e a cada dia tem-se visto seu prazo de validade vencer.

Os especialistas da área de Educação contribuíram muito para que se percebesse que o significado atribuído ao *conhecimento* não dava conta da solução dos problemas inerentes ao processo da globalização e das mudanças internas ocorridas na sociedade brasileira. As questões enfrentadas por professores e por alunos dentro da sala de aula não permitiram, porém, que esse conceito fosse assimilado na prática com a velocidade esperada.

Nessa trajetória ocorreram vários equívocos. Quais foram eles? Muitos professores poderão se lembrar de que, quando essa questão começou a ser levantada, acreditava-se que todo conhecimento produzido em sala de aula deveria ter uma "utilidade prática". E lá fomos todos nós:

(i) professores de Matemática passaram a utilizar contas de luz, água e telefone como ferramentas para desenvolver cálculos;
(ii) os de Ciências Naturais passaram a ministrar parte de suas aulas fora da sala para que o aluno compreendesse fenômenos da Natureza presentes no seu dia a dia;
(iii) na área de Linguagem e Códigos, o estudo da Gramática tradicional cedeu espaço para a leitura e a compreensão dos textos, valorizando a Linguística.

Mas é muito importante destacar que, naquele momento, havia um abismo entre o que era pensado e desenvolvido pelos teóricos e o trabalho prático do professor em sala de aula. Aos poucos, com o auxílio dos Parâmetros Curriculares Nacionais – PCNs, das avaliações do Exame Nacional do Ensino Médio – Enem, das mudanças nos perfis dos livros didáticos, da crescente utilização de objetos eletrônicos de aprendizagem em sala de aula, o conceito de *conhecimento significativo* vem amadurecendo. Dar significado ao conhecimento não é uma ação restrita à sua utilidade prática. Ela está muito mais próxima de provocar no aluno ações, atitudes e comportamentos diante daquilo que se aprende em um contato direto com a realidade vivida por ele. Senso crítico, reconhecimento da sua realidade, solidariedade, respeito à diversidade, consciência ambiental podem ser definidos como ações, atitudes e comportamentos esperados quando se desenvolve o *conhecimento significativo*.

Mas a ideia de aplicação do conhecimento no cotidiano era espetacular, e todos buscaram alternativas no afã de atingir o objetivo: dar significado prático àquilo que se aprendia e tentar evitar que o aluno saísse da sala de aula com a pergunta: por que eu preciso estudar isso? Os caminhos escolhidos não estavam "errados", porém, maldefinidos, malcompreendidos, pois nem tudo o que se aprende tem uma utilidade no sentido prático da palavra, e, hoje, sabe-se que não era apenas isso.

A prova dessa impossibilidade de utilidade permanente pode ser verificada quando se refere às Ciências Humanas. Veja-se o caso da História; quantos na condição de professor ou aluno já fizeram perguntas como:

- Para que serve estudar o passado?
- E aquele localizado na Idade Antiga?
- E no Feudalismo?

Alguns podem encontrar argumentos e até concluir que o conhecimento sobre esses temas é importante para alguma coisa, mas é fundamental não perder de vista que se está trabalhando com gerações de um tempo fortemente marcado pelo imediatismo, altamente tecnológico e completamente revolucionário no volume de informações que chegam até nós em tempo real. Por isso, as perguntas feitas pelos alunos, como: "Para que serve estudar isso?", fazem todo o sentido, pois as novas gerações já nascem num processo de aceleração do tempo e intensa movimentação.

> Sem dúvida, um mundo que se apresenta móvel, caótico, inflacionado de signos, informação e linguagens, um mundo em constante movimento, produção e consumo que nada acaba ou completa, um mundo que interconecta os seus habitantes, deslocando-os ou inserindo-os em redes de comunicação, que os introduz em todo o tipo de sistema *online*, um mundo assim constituído não pode ser o lugar de personagens fixos, cristalizados unidirecionais nas ações, pensamentos, afetos, sentimentos e formas de expressão e comunicação. (Sterza, 2004)

Assim, atribuir significado ao conhecimento torna-se uma tarefa extremamente fundamental caso se tenha como objetivo colocar em prática a eterna teoria de que só por meio do *conhecimento* e da Educação é possível, no futuro, viver em um Planeta composto por seres humanos capazes de conviver com a diversidade, valorizando, cada vez mais, a cidadania, interagindo de maneira sábia e equilibrada com o meio de maneira construtiva.

É possível, hoje, perceber, no conjunto dos professores brasileiros, uma inquietação que os impulsiona a buscar alternativas para que o trabalho em sala de aula atinja seus objetivos em vários segmentos: humanos, sociais, econômicos, tecnológicos, ambientais etc. Essa inquietação é maior ainda nos professores que trabalham no Ensino Médio, segmento que, no Brasil, nunca teve um projeto definido e permaneceu durante anos condenado a um único fim: "preparar os alunos para o vestibular". A partir do momento em que os vestibulares começaram a ser questionados, esse segmento ficou exposto e sem uma direção clara, suscitando dúvidas como:

- O que fazer no Ensino Médio?
- Continuar ignorando a globalização e permanecer numa linha conteudista?

- Não levar em consideração novas tecnologias e permanecer com o mesmo currículo, "ensinando" da mesma forma que anos atrás?
- Desconsiderar o perfil de ser humano cada vez mais exigido no mercado de trabalho?
- Como desenvolver um curso pautado em habilidades e competências?

A resposta da Biologia ao imobilismo

Os primeiros passos mais efetivos, para se atingir o *conhecimento significativo*, foram dados pela Biologia.

A análise dos livros didáticos; a utilização de recursos tecnológicos em sala de aula; a necessidade de o professor estar em contato com o volume de conhecimento produzido, cotidianamente, levaram à conclusão de que a Biologia deixou de ser a ciência contemplativa que fora durante anos. Identifica-se que a "decoreba" de nomes científicos ficou submetida a um plano secundário, sem, no entanto, banalizá-la.

Temas como Ecologia, Genética, Biodiversidade, Doenças Sexualmente Transmissíveis, Vírus, Bactérias e tantos outros estão na pauta do dia a dia das pessoas no mundo e adentraram a sala de aula rapidamente, com um tratamento que exigiu a colocação do aluno e, também, do professor no centro da reflexão, da ação, da conscientização do processo ensino-aprendizagem totalmente sintonizados com o século XXI. Esse trabalho teve seu início de maneira mais visível e contundente no Ensino Fundamental, e o Ensino Médio garantiu certa continuidade, contribuindo para que o *conhecimento* passasse a ter *significado* na prática da vida cotidiana e, principalmente, na mudança de atitude, de comportamento, nas relações sociais e com o meio de maneira objetiva. As novas gerações demonstram uma preocupação maior em relação, por exemplo, às questões que envolvem temas como desenvolvimento sustentável, saúde, prevenção de doenças.

Os mais pessimistas podem retrucar e dizer: "As últimas pesquisas apontam que o número de jovens que contraíram o vírus HIV aumentou! O uso indiscriminado das drogas lícitas e ilícitas também! A gravidez na adolescência também!". E, vão, portanto, concluir: "O *conhecimento significativo* desenvolvido pela Biologia pouco tem adiantado!". Porém, quando se trata dos alunos do Ensino Médio, está-se falando de um grupo composto por milhões de pessoas distribuídas por todo o território brasileiro, e nem todas as aulas de Biologia ministradas para esses milhões contribuem para a conscientização de todos ao mesmo tempo. E, o mais importante, não é porque as pesquisas apontam que os números aumentaram que se vai ignorar um fato concreto: essas mesmas aulas têm contribuído para que muitos outros milhões de adolescentes se conscientizem dessas e de muitas outras questões, que representam, hoje, verdadeiros desafios para que se atinja uma "qualidade de vida".

Outro fato é perceber o quanto a Biologia, como ciência desenvolvida dentro da sala de aula, se distanciou de seu caráter tradicional e obrigou-se a redefinir seu universo científico numa visão mais alinhada com a linguagem do mundo globalizado; e, por trás desse fato, estão ações de centenas de professores.

O destaque dado à Biologia não significa que outras ciências, como a Química, a Física, a Geografia, a Matemática, não estejam no mesmo processo. O fato é que a Biologia iniciou esse trabalho antes, pois percebeu que as notícias sobre o aquecimento global, o surgimento de doenças mortais começaram a ser trazidas pelos alunos para dentro da sala de aula e, por isso, obteve resultados com maior rapidez, e, certamente, mesmo na opinião do professor de Biologia mais otimista, ainda há muito que fazer. Sempre é importante destacar: em um País com a diversidade cultural, social e econômica do Brasil, as mudanças no processo educacional não acontecem ao mesmo tempo nem da mesma maneira; a quebra de paradigmas e de preconceitos seculares pode ocorrer em momentos e situações diferentes. Por exemplo, não se pode ter como regra que experiências com o trabalho pautado no desenvolvimento do *conhecimento significativo* ocorram de maneira mais eficaz em centros, como São Paulo, Rio de Janeiro ou Belo Horizonte, porque são grandes cidades. Muitas delas estão em escolas localizadas no Piauí, no interior do Rio Grande do Sul, em Natal, atingindo altos índices de qualidade.

Os cuidados com o trabalho educacional

Naturalmente, muita coisa precisa ser feita; ainda que distantes do ideal, já saímos do imobilismo. É necessário acabar com a má qualidade na formação universitária do professor em algumas faculdades e universidades do País; Estados e Municípios precisam assumir, cada vez mais, o compromisso com uma Educação de qualidade, que vai desde as instalações de uma escola, passando pela alimentação escolar, até a valorização dos professores. Enfim, daria para enumerar uma série de outros fatores que desqualificam a Educação e dão a ela um caráter de estagnação diante de tantos problemas. Porém, não se podem negar as ações, por parte dos últimos governos federais, em desenvolver programas que contribuam para mudar esse quadro, além dos esforços de escolas públicas e privadas, empenhadas em encontrar soluções para os mais diversos problemas. O termo tão utilizado como propaganda estatal: "Educação para todos", necessariamente, tem de refletir uma escola de qualidade PARA TODOS, sem nenhuma discriminação ou juízo de valor que separe pobres e ricos.

Em contrapartida, é prudente tomar alguns cuidados com as inadequações. Às vezes, a mídia, com o intuito de informar, o faz de maneira superficial ou com intenções que são, no mínimo, instigantes.

Recentemente, um órgão da imprensa escrita e eletrônica, que atinge todo o território nacional, publicou matéria referindo-se às leis que incomodam o brasileiro. Em determinado ponto afirmou que o Brasil apresenta níveis baixos de rendimento dos alunos em Língua Portuguesa e Matemática, o que condiz com a realidade, para, em seguida, na mesma matéria, afirmar que "é um absurdo que exista uma lei que torne o ensino da Filosofia obrigatório". A revista disse literalmente que deveria ter mais aulas de Língua Portuguesa e Matemática e defendeu a abolição da obrigatoriedade no ensino da Filosofia. Cabe perguntar e conjecturar:

- Então, para que aprender a ler?
- Talvez porque o editor acredite que o brasileiro deva ser bem-alfabetizado para ler apenas as matérias veiculadas por ele?
- Ou pode ser que o mesmo editor desconheça o papel do ensino da Filosofia no processo de formação do pensamento humano e que desde os primeiros anos escolares ela deveria ser desenvolvida?
- Ou é possível que a formação desse editor seja tão superficial que revele que todos os cursos universitários precisam

ser revistos — não apenas aqueles que formam professores —, e seu papel fique restrito ao jornalismo vazio submisso da denúncia pela denúncia?

A imprensa adequada deveria questionar a forma como a Filosofia é tratada no Ensino Médio e abrir espaço para os especialistas, os professores e os alunos se colocarem diante da questão.

Mas, possivelmente, o entendimento do conceito de democracia ainda não tenha chegado à redação de tal revista.

Ao afirmar o que afirmou nessa matéria, desprezou o alcance da revista; a inteligência dos leitores; e contribuiu para a desqualificação de uma ciência tão importante no processo de desenvolvimento do pensamento humano.

O trabalho com Educação exige, cada vez mais, cuidados e responsabilidades, e não pode ficar exposto a esse tipo de inadequação, especialmente num século como o XXI, que começou com um dos mais impactantes atentados terroristas, que atingiu uma população de mais de duas mil pessoas de origem multiétnica, despertando na humanidade estupefata uma crescente sensação de impotência diante da banalização da vida.

Como se não bastasse, o terror prolongou-se sob a chancela e o comando da maior nação capitalista do século XX, e, assim, continuamos a assistir a cenas estarrecedoras da Guerra do Iraque.

Nós, habitantes nesse tempo hostil, temos, por meio da Educação, a oportunidade de contribuir para a humanização das novas gerações que necessitam entender um tempo tão paradoxal: rico em tecnologia, mas impregnado pelo terror.

Em Educação depende-se do processo, que pode ser lento e gradual. O importante é identificar que se saiu da imobilidade de um tempo em que nada era feito e a Escola existia longe da realidade, como um espaço de um saber distante da vida real.

Definindo a História

O que fazer com o conhecimento histórico? Depois de séculos de história, a humanidade já se conscientizou de que o ser humano é o responsável pelas mudanças e pelas permanências do mundo, construídas em diferentes tempos, e de que a Educação é um dos instrumentos de transformação desse mesmo ser humano. Essa é uma das questões que justificam o desenvolvimento, em sala de aula, do *conhecimento significativo* da Ciência Histórica.

Durante muito tempo, os teóricos do Positivismo defenderam que o conhecimento do passado era o principal objeto de estudo da História. Cada vez mais, esse método tem se mostrado ineficiente dentro da sala de aula. No entanto, os historiadores da corrente denominada "Nova História" redefiniram esse conceito, afirmando que o estudo do passado só tem sentido quando se parte de uma análise do presente. Por isso, as sugestões dadas por este livro seguem o método proposto pela "Nova História", com a intenção de revelar o quanto a visão positivista não responde mais às necessidades da ciência aplicada em sala de aula e, ao mesmo tempo, oferecer ao professor de História do Ensino Médio alternativas para que ele possa trabalhar com os conteúdos da ciência, definidos pelo currículo, atribuindo-lhes significado por meio da contextualização.

Essa ação pode contribuir ainda mais para que a relação presente-passado se dê de forma efetiva, sem, entretanto, correr riscos de banalizar a História, sem desqualificar a importância do passado.

Partir da realidade objetiva do presente do aluno e utilizar como recurso a contextualização auxiliam-no a perceber-se como sujeito do processo histórico, ampliando sua capacidade de reconhecer, no presente, traços de mudanças e permanências como resultados de suas ações e da ação humana em diferentes tempos.

Dessa maneira, o aluno, um cidadão em processo de construção, poderá olhar para o seu presente e ter condições de desenvolver conceitos, criar soluções, ter atitudes embasadas na dimensão da sua realidade, apoiadas pelas experiências dos seres humanos que viveram no passado.

Temos, porém, um desafio inicial: *definir a História* e, em seguida, responder: *"Para que serve o estudo da História?"*.

As duas questões podem ser consideradas desafios, pois, durante décadas, os teóricos do Positivismo encarregaram-se de respondê-las e perpetuá-las na memória:

- "História é a ciência que estuda os fatos e acontecimentos do passado da humanidade."
- "Estudá-la serve para que possamos entrar em contato com os erros cometidos no passado e com a finalidade de não repeti-los no presente!"

São reconhecidamente desafios por mais dois motivos:

- Primeiro, porque o professor encontra em sua sala de aula alunos que nasceram e vivem no século XXI e não conseguem, por mais que queiram, compreender o estudo do passado pelo passado, imóvel, composto por personagens e fatos fixos.
- O segundo motivo é consequência do primeiro: a permanente revolução tecnológica, resultado de um longo processo

histórico que permitiu ao ser humano acumular conhecimento, especialmente nas comunicações, não permite aos alunos do Ensino Médio compreender o conceito de historicidade, pois convivem diariamente com um volume de fatos e produção de conhecimentos divulgados de forma veloz, tornando impossível a avaliação e o entendimento destes, os quais podem se transformar em marcas que resultem em mudança ou na permanência das estruturas.

Dessa maneira, quando a finalidade é conhecer os erros do passado, com o objetivo de não repeti-los no presente, o estudo da História fica distante da realidade do aluno.

Mesmo nas décadas em que essa máxima prevaleceu, nunca correspondeu ao que de fato ocorria na realidade: os alunos, repetidas vezes, estudavam inúmeras guerras, desde a luta do ser humano pelo domínio da técnica do fogo até as grandes guerras mundiais, e dezenas de outras, e nem por isso esse conhecimento representou o fim dos combates bélicos no mundo.

A "Nova História" e o *conhecimento significativo*

A proposta da "Nova História" é a que mais se aproxima de um significado efetivo para o estudo da Ciência Histórica, na medida em que define a História como "o estudo das ações humanas no tempo".

Um dos principais teóricos da "Nova História", o historiador Marc Bloch, em seu livro *Apologia da História ou o ofício do Historiador* (1939), não aceitava que a História fosse considerada uma ciência do passado. Em algumas de suas reflexões chegou a considerar absurdo o fato de que o passado pudesse ser objeto de estudo da ciência. Sua proposta era que a História fosse definida como "a ciência dos homens no tempo". Essa visão dá à Ciência Histórica – como o próprio historiador afirmava – o caráter de reino do inexato, pois quis durante muito tempo ser objetiva e não conseguiu. Quis reviver o passado quando só pôde reconstruí-lo.

A concepção da "Nova História" permite aos professores que, hoje, estão em sala de aula com o objetivo de construir o saber histórico, atribuir à relação presente-passado o significado para o conhecimento da História, como uma Ciência móvel e em sintonia com qualquer tempo localizado no presente ou no passado.

Com a definição do historiador Marc Bloch, o propósito de partir do presente, por um lado, amplia e dá significado ao conhecimento histórico para o aluno e o coloca como sujeito ativo do processo histórico e no centro do processo da aprendizagem. Por outro, a busca pelo conhecimento do passado deixa de ter o caráter de imobilismo para assumir o papel de Ciência Investigativa ligada ao presente.

A abordagem da "Nova História" entende o tempo como elemento essencial, mas de maneira diferente e mais profunda, se comparada à visão dos positivistas, que valorizam o tempo cronológico das ações ocorridas ao longo dos anos e dos séculos. Para a "Nova História" há valorização do tempo na sua dimensão histórica, isto é, o que interessa são as marcas deixadas pelas ações humanas, que permitem a análise do que mudou e do que permaneceu. Exemplificando, para a "Nova História" é secundário valorizar quantos anos durou a decadência do Império Romano, o importante são as ações que marcaram o processo de formação do Feudalismo.

Portanto, atualmente, desenvolver um trabalho pautado nos preceitos da Nova História é o que mais contribui no processo de construção do saber histórico em sala de aula, com coerência, dando significado à ciência e colocando o aluno no centro da construção desse saber.

Um olhar para o presente

Para desenvolver atividades que permitam o aprofundamento do conceito de História e para que serve seu estudo na concepção da "Nova História", no Ensino Médio é preciso levar em consideração que esse processo de construção já passou por várias etapas durante todo o Ensino Fundamental.

Desde os anos iniciais desse segmento, os alunos realizam uma série de atividades com a finalidade de construir o conceito de História. Nele, também, as atividades propostas partem da realidade objetiva de cada aluno, isto é, há a valorização das ações do universo que compõem seu cotidiano e das relações sociais que estabelece na família, na escola, com os amigos do bairro etc.

O nível de abstração dos alunos que cursam o Ensino Fundamental (anos iniciais) ainda não permite que se trabalhe de forma teórica, assim, os professores, muitas vezes, como sugestão dos livros didáticos, optam por iniciar a construção do conceito de História a partir, também, de um entendimento do aluno do tempo cronológico (presente-passado).

Geralmente, são realizadas inúmeras atividades em que o aluno aprofunda seus conhecimentos sobre o tempo que se refere às horas, aos dias, às semanas, aos meses e aos anos.

Tais atividades seguem alguns passos importantes, como: o desenvolvimento da percepção da noite e do dia; das atividades que os alunos realizam em diferentes horários: levantar-se, tomar banho, fazer as refeições, estudar, brincar etc.

Em seguida, o aluno organiza mosaicos com fotos que retratam sua vida, desde o nascimento, com a finalidade de iniciar a compreensão de passado e presente. Enfim, durante essa etapa, as atividades que envolvem a construção do conceito de tempo cronológico estão diretamente ligadas ao cotidiano do aluno, da realidade que o cerca, sempre desenvolvidas de maneira concreta para, posteriormente, trabalhar com os fatos que foram marcantes em sua vida, com a finalidade de introduzir a ideia de tempo histórico, sem nenhuma pretensão de diferenciar de maneira mais teórica o tempo cronológico e o histórico.

O aluno destaca os fatos que foram marcantes da sua história, sempre com a perspectiva de partir do presente e investigar o passado e encontrar, nele, situações que foram importantes, inesquecíveis para ele.

Nos anos seguintes, até o encerramento da fase inicial do Ensino Fundamental, o aluno amplia o conceito de História conhecendo o presente e o passado de outros grupos e outras famílias, incluindo temas da História do Brasil.

Nos anos finais do Ensino Fundamental a diferenciação entre tempos cronológico e histórico se dá de forma um pouco mais teórica, mesclada por atividades concretas que permitem que o aluno tenha a dimensão de todos esses elementos tratados durante o Ensino Fundamental (anos iniciais), refletindo sobre seu presente e investigando as marcas do passado mais distante e ampliando seus conhecimentos, por meio de conteúdos que compõem o currículo: História Geral e História do Brasil.

O aluno, quando chega ao Ensino Médio, teoricamente, já construiu todos esses conceitos. Então, qual o desafio para essa faixa etária?

- Em primeiro lugar, antes de responder essa questão, é importante lembrar que não se pode partir do pressuposto de que todos os alunos tiveram, durante o Ensino Fundamental, a oportunidade de construir os conceitos de História e de tempo tal como foi sugerido até aqui.
- Em segundo lugar, não é possível continuar com a visão de que o aluno que chega ao Ensino Médio não precisa mais de acompanhamento, de atividades concretas, desprezando todo o processo de formação que está em construção desde a Educação Infantil. Sugere-se, portanto, que, antes de iniciar um trabalho contextualizado, é fundamental que se faça um levantamento dos conhecimentos prévios dos alunos sobre esses dois conceitos, como:
  - História é uma ciência do passado?
  - Qual o sentido de se conhecer o passado?

Se as respostas forem positivas, investigar de onde partiu a informação e questioná-la por meio de exemplos que colocam em dúvida esse conceito.

Se as respostas forem negativas, propor situações desafiadoras sobre o presente e qual a importância do passado para a sua compreensão, por exemplo, questionando o nível de desenvolvimento das armas químicas controladas por vários países hoje e o início desse desenvolvimento durante a Primeira Guerra Mundial de 1914.

Após a finalização dessas etapas, as escolhas das questões do presente devem levar em consideração: o conteúdo de História que compõe o currículo do Ensino Médio e, especialmente, valorizar o universo sociocultural do grupo.

Sem esses elementos, o aprofundamento do conceito de História, "para que serve seu estudo" e a "diferenciação entre tempos os cronológico e histórico" ficam inviabilizados na perspectiva da "Nova História", e, portanto, o aluno não terá a oportunidade de se perceber como sujeito ativo do processo histórico e não conseguirá ter a dimensão dos elementos que permaneceram ou mudaram.

Contextualizar e seguir os mesmos passos do Ensino Fundamental contribui para que se dê continuidade ao processo de construção do conhecimento.

Em razão de o aluno do Ensino Médio ter maior capacidade de abstração, é possível partir da realidade objetiva, dando ênfase à sua própria história com fatos que são e foram fundamentais para que ele se construísse como sujeito histórico e, ao mesmo tempo, desenvolver uma análise sobre o que permaneceu e o que mudou na sua vida. Essa etapa é uma das mais importantes do trabalho, pois além de dar continuidade ao processo de construção do conhecimento histórico, iniciado nos segmentos anteriores, permite que ele trabalhe com fatos no presente e no passado com a base teórica necessária.

Dessa forma, o aluno terá condições de compreender e refletir, criticar, identificar desafios e enfrentá-los, percebendo-se como sujeito histórico e reconhecendo a importância das ações dos sujeitos de outros tempos. E mais, o aluno poderá ter interesse pelo passado com uma postura diferente da que, normalmente, apresenta quando a História é desenvolvida de maneira linear, composta por centenas de fatos localizados no passado que valorizam reis, rainhas, presidentes, heróis etc. sem nenhum significado.

Na perspectiva da "Nova História", o presente dá mobilidade ao passado e os conteúdos programáticos, que compõem o currículo da disciplina no Ensino Médio, perdem a característica do estudo de uma ciência distante da realidade do aluno.

O ideal é que, ao se concluir seu estudo, o passado ganhe significado à luz da identificação dos desafios do presente da humanidade. Podem-se citar alguns exemplos.

Um dos desafios da humanidade é combater doenças complexas como a AIDS, ou aquelas que dependem de saneamento básico. No passado o aluno encontrará ações do ser humano no combate que juntou esforços para debelar doenças, por exemplo, a Peste Negra do século XIV, a varíola e tantas outras.

- A sugestão é que o professor, quando estiver trabalhando a crise do século XIV na Europa e a grave epidemia de Peste Negra, ou quando for analisar o Período Republicano brasileiro e tratar da Revolta da Vacina, com o apoio de manchetes de jornais, textos de Biologia que tratem de prevenção e características das doenças, faça uma análise com o grupo sobre as doenças atuais que assolam países do mundo inteiro.
- Feita essa análise, reporta-se ao passado com a finalidade de investigar quais eram as causas das doenças citadas tanto no século XIV na Europa, nos séculos XVIII, XIX ou no início do século XX no Brasil e propor uma reflexão sobre as atitudes tomadas para combater as doenças e quais delas permaneceram com parte do tratamento e quais mudaram.
- É possível, também, fazer uma pesquisa mais aprofundada sobre as medidas de prevenção do presente e compará-las com as do passado. Como também fazer uma análise da situação dos doentes que viveram no século XIV ou no início

do século XX e como vivem os doentes contaminados, por exemplo, pelo vírus que provoca a AIDS.

- Sugere-se que o estudo de cada Idade seja composto por centenas de marcas que foram e são fundamentais para a História humana; por isso, é importante que o professor identifique o conjunto dessas marcas e encontre no presente os mesmos desafios, ou semelhantes, que possam estar em sintonia com o passado.

Para a conclusão da construção do conceito de História e tempo histórico, observe as atividades sugeridas a seguir.

Atividade 1

A) Construir a linha de tempo da vida de cada aluno.

- Fazer cada um registrar os principais fatos que representaram marcas importantes.
- Sugerir que cada um diferencie na sua própria linha o que está relacionado ao tempo cronológico e ao tempo histórico.
- Realizar um debate para que cada aluno relate os fatos que foram mais marcantes da sua vida e por quê.
- Em seguida, o professor deverá questionar o grupo a respeito do espaço que a Arte ocupa ou ocupou na vida de cada um.

A finalidade desta atividade é permitir que o aluno recapitule o processo de construção do conceito de tempo e a diferenciação entre o cronológico e o histórico.

Os desafios do conhecimento histórico 45

Atividade 2

A) O grupo deverá ler os tópicos sobre o movimento *hip-hop* e estabelecer comparações entre a sua história e a dos grupos que se expressam por meio da Arte do Grafite.

- A finalidade de compreender a Arte como uma manifestação humana localizada dentro de um contexto histórico.
- Vive-se em um mundo composto por uma rica diversidade. No Brasil, essa é uma questão muito fácil de identificar. A Arte brasileira é totalmente diversificada, e sua produção, cada vez maior e apresentada contemplando diferentes linguagens.
- A Arte é uma das formas que contribuem para que o aluno construa sua identidade. Por isso, o professor poderá utilizar a expressão artística do grafite.

B) O tempo e a compreensão da manifestação artística.

- Grafite: Arte ou pichação? Para reconhecer o caráter artístico do grafite é preciso identificá-lo como uma manifestação artística do movimento cultural denominado *hip-hop*.
- O *hip-hop* é uma manifestação artística que teve sua origem na década de 1960, nos Estados Unidos. Esse movimento deu voz aos grupos sociais atingidos pelas desigualdades, especialmente, nos centros urbanos. Surge como "cultura das ruas" e se expressa por meio da música, da dança e da pintura – o grafite.

- No Brasil, o *hip-hop* é a manifestação artística cultural de parte dos jovens que vivem nas periferias dos grandes centros urbanos.
- Como qualquer manifestação da Arte, o grafite também está inserido em um contexto histórico e social. Sugere-se a leitura da reportagem veiculada pelo jornal *Folha de S. Paulo* sobre essa manifestação em um evento que ocorreu na cidade de São Paulo em outubro de 2011.
- Depois do texto lido e debatido, os alunos deverão expor suas opiniões a respeito do grafite e destacar qual a expressão artística com que eles mais se identificam e se a produção os representa.

C) Outros tempos

- Para entrar em contato com outros tempos, a sugestão é destacar, por exemplo, os artistas Candido Portinari e Aleijadinho, sempre com a preocupação de contextualizá-los nos seus respectivos tempos.
- O professor deverá trazer para a sala de aula a imagem *O Cristo*, de Aleijadinho, e fazer uma pequena biografia do artista.
- Aleijadinho é um dos maiores artistas plásticos brasileiros. Nascido em Vila Rica (MG), em 1730, criou inúmeras esculturas utilizando como matérias-primas madeira e pedra-sabão. Na idade adulta conviveu em Minas Gerais com a Inconfidência Mineira, movimento que teve como um de seus objetivos separar o Brasil de Portugal. Um de seus líderes foi Tiradentes.

- Em seguida, propor uma análise da obra para que o aluno perceba que *O Cristo* criado por Aleijadinho, além das características tradicionais (coroa, cruz etc.), tem no pescoço as marcas do enforcamento que fazem alusão à maneira como Tiradentes morreu – enforcado.

- Esse é um dos inúmeros exemplos que se encontram nas obras de artistas que viveram em diferentes tempos, e suas obras revelam importantes características sobre eles.

D) O professor deverá trazer para a sala de aula a imagem do quadro *Café*, de Cândido Portinari (1935).

- A finalidade é mostrar que a leitura de uma obra de arte, seja ela qual for, depende do grau de subjetividade de cada indivíduo. Porém, como já se disse, conhecer o contexto histórico em que o artista está inserido é importante para que se possa compreender a visão do artista sobre aquela determinada realidade.

- Cândido Portinari, um dos maiores pintores brasileiros, nasceu no interior de São Paulo em 1903 e morreu em 1962. Um dos traços marcantes de sua obra foi o de retratar o povo brasileiro e as particularidades da essência do Brasil. Mas o trabalho do artista foi alvo de muitas críticas. Alguns especialistas em Artes Plásticas consideravam que ele exagerava ao retratar as formas das figuras humanas.

- Ao observarmos a tela *Café*, criada em 1935, pode-se identificar que os pés do trabalhador são "exageradamente" grandes, mas o próprio artista revelou que ficou espantado quando viu as condições físicas dos pés dos trabalhadores das lavouras de café. Eram pés judiados a ponto de ficarem disformes. Na tela, o que se vê, provavelmente, seja a reprodução da impressão de Portinari (José de Nicola, 1998).

Questões de encerramento das atividades

1) Quais foram as suas primeiras impressões e sensações ao observar as obras de Aleijadinho e Portinari?
2) O texto sobre a arte do grafite pode estar inserido no contexto de uma arte que expressa a marca de um tempo? Justifique.
3) Na sua opinião, as obras de Portinari e Aleijadinho e o grafite podem abrir um diálogo entre presente e passado?
4) De que forma você se identifica com cada uma delas e qual a importância de cada uma para você? Justifique.

Para encerrar, o professor deverá, a partir dessas atividades, concluir com o grupo o conceito de História e por que é importante seu estudo; ao mesmo tempo, garantir que o aluno tenha a dimensão do seu papel de sujeito histórico e, acima de tudo, perceba que a História não é uma ciência do passado.

Referências

BLOCH, Marc. *Apologia da História ou o Ofício de Historiador.* Edição anotada por Étienne Bloch. Prefácio de Jacques Le Goff. Rio de Janeiro: Jorge Zahar, 2002.

GOFF, Jacques Le. *A História Nova.* 4. ed. São Paulo: Martins Fontes, 2001. (O Homem e a História).

HAUSER, Arnold. *História social da literatura e da arte.* 4. ed. São Paulo: Mestre Jou, 1982. v. 1.

JUSTO, José Steriza. O "ficar" na adolescência e paradigmas de relacionamento amoroso da contemporaneidade. Disponível em: <http://www.scielo.br/pdf/rdpsi/v17n1/v17n1a05.pdf>. Acesso: dez. 2011.

LAPA, José Roberto do Amaral. *A História em questão:* historiografia brasileira contemporânea. Petrópolis: Vozes, 1976.

NICOLA, José de. *Literatura Brasileira*: das origens aos nossos dias. São Paulo: Scipione, 1998.

ROUSSEAU, Jean-Jacques. *Emílio ou Da Educação.* São Paulo: Martins Fontes, 1995.

SILVA, Marcos A. da. (Org.). *Repensando a História.* 2. ed. ANPUH – Associação Nacional dos Professores Universitários de História – Núcleo São Paulo. São Paulo: Marco Zero, 1980.

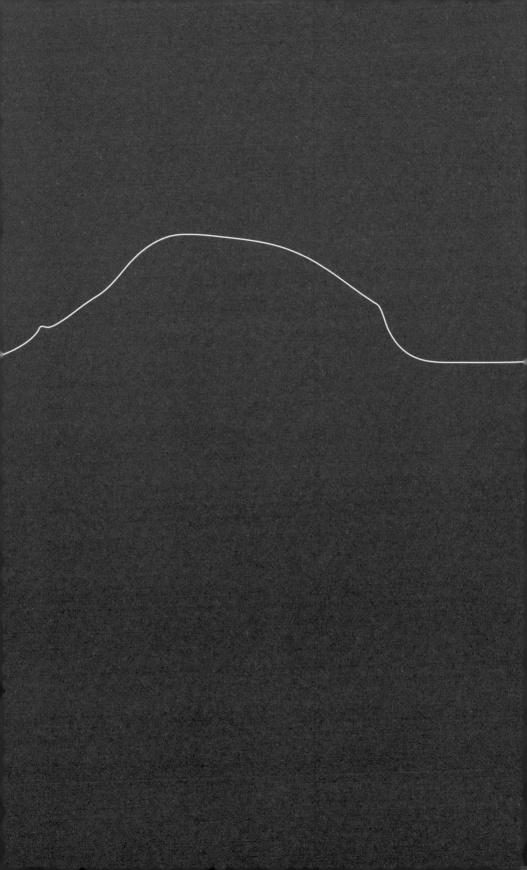

Idade Antiga

O elo com o passado

O estudo da Idade Antiga (4000 a.C. - 476 d.C.) apresenta, em termos cronológicos, uma grande distância em relação à realidade dos alunos que cursam o Ensino Médio, hoje, e, se trabalhada de forma linear, os significados das marcas desse período ficarão reduzidos a uma infinidade de datas, fatos, nomes que, muitas vezes, não despertam o interesse do aluno pelo estudo da ciência.

Se o professor trabalhar as marcas deixadas pelos grupos humanos que viveram naquele período, poderá dar à Idade Antiga sua devida importância e seu estudo assumirá, para o aluno, um caráter dinâmico, especialmente, partindo de questões e reflexões que continuam sendo desafiantes no presente.

É curioso perceber que o estudo da Idade Antiga, para os alunos do Ensino Fundamental, normalmente, desperta maior interesse e curiosidade, em razão de ser uma época cheia de elementos que mexem com a imaginação dessa faixa etária. Mesmo assim, atualmente, os resultados de um trabalho que trata o período de forma linear têm sido ruins e diminuído tal interesse, pois a infinidade de jogos, animações, longas-metragens que trabalham elementos dessa fase da História da humanidade apresentam-se de maneira extremamente atraente. No caso do Ensino Médio, a linearidade provoca um grande desinteresse, e o estudo desse passado, por ele mesmo, fica reduzido a um fim – "estudar para o vestibular".

Tradicionalmente, a Idade Antiga se divide em Oriental e Ocidental. Nos últimos anos, normalmente, o currículo de História no Ensino Médio tem optado por começar pelo estudo da Idade Antiga Ocidental.

O estudo das civilizações desenvolvidas pelos gregos e romanos nos permite dar significado ao conhecimento, por meio da contextualização, utilizando a concepção da "Nova História" para construir o conceito de tempo histórico. Assim, é preciso que o professor investigue as marcas deixadas por essas civilizações e que podem estabelecer com o presente um diálogo em que o saber histórico seja construído pelos alunos.

Ao pesquisar essas marcas, o professor se depara com uma série de elementos e eventos que são desafios humanos dos dias atuais. Alguns exemplos podem ser citados: a democracia; os métodos científicos que foram responsáveis por descobertas importantes em todas as áreas do conhecimento; as questões filosóficas, que atualmente vêm servindo de base para a Psicanálise e a Psicologia; o teatro; as Olimpíadas; a utilização do trabalho escravo; o cristianismo; o conceito de Império; o desenvolvimento da comunicação por meio de estradas etc. A opção, no caso específico deste livro, foi destacar duas marcas importantes ligadas à Grécia Antiga.

A primeira marca se relaciona às questões que estão vinculadas à democracia ateniense.

Todo o processo de construção da democracia ateniense se localiza no final do Período Arcaico, momento em que houve um aprofundamento das diferenças sociais em todas as cidades-estado gregas.

Os conflitos entre os grupos sociais favoreceram, em Atenas, o desenvolvimento dos conceitos de cidadão, cidadania e democracia. O estudo desse período, dessa marca histórica da humanidade, favorece alguns questionamentos importantes que devem estar vinculados ao presente, como:

(i) o que representava ser cidadão;

(ii) qual era o espaço da cidadania;

(iii) quais eram os princípios de direitos e deveres estabelecidos pela democracia;

(iv) quem representava o Estado e de que maneira;

(v) por fim, que relações existiam entre o Estado e o cidadão.

Essas questões são importantes para investigar o passado e refletir sobre o significado de cada uma para a sociedade ateniense, mas também podem ser utilizadas como ponto de partida para reflexões sobre o presente.

Outro aspecto da democracia ateniense e que pode gerar reflexões importantes é a investigação sobre o porquê da exclusão de mulheres, escravos e estrangeiros do processo da participação democrática.

Antes de compreender isso, o aluno deve questionar, avaliar, a partir de suas experiências e de seu conhecimento sobre o assunto:

(i) Quais são as características da atual democracia brasileira?

(ii) Todos os grupos sociais participam desse processo?

(iii) De que forma participam?

(iv) Por que no Brasil o voto é obrigatório?

Depois de uma análise minuciosa dessas questões, o aluno retoma o estudo da democracia ateniense. A retomada permitirá que ele perceba, em primeiro lugar, que a participação nas decisões do governo, em Atenas, estava atrelada ao processo de formação do sistema democrático, gerado por uma crise social que envolveu os homens nascidos na cidade; em segundo lugar, vai compreender que na visão específica da sociedade ateniense a mulher, o escravo e o estrangeiro ocupavam um espaço inferior na composição social. Sem direito a participar de qualquer decisão política, essa questão abre espaço para a discussão de inúmeros aspectos semelhantes que ocorrem todos os dias na sociedade brasileira atual:

- Por que as mulheres brasileiras têm remuneração inferior, ocupando o mesmo cargo que um homem?
- Por que os afrodescendentes recebem o mesmo tratamento que as mulheres, quando o assunto é remuneração profissional?
- Como os estrangeiros são tratados no Brasil?

O estudo aprofundado sobre o tema democracia, hoje e ontem, é um claro exemplo de que é possível contextualizar o conhecimento histórico e torná-lo absolutamente significativo. Além disso, desenvolver esse conhecimento contribui para que o aluno tenha a percepção do seu papel de sujeito histórico do seu tempo e compreenda a visão de sujeitos históricos de outros tempos, tendo a exata dimensão do que permaneceu e do que mudou e qual seu papel nesse contexto.

A segunda marca considera a importância das descobertas científicas dos filósofos gregos do século V a.C.

No tocante à produção de conhecimento dos filósofos gregos, sugere-se priorizar o aspecto interdisciplinar da atividade de cada um deles, com a finalidade de questionar por que, naquele período, o filósofo era um cientista que se interessava pelo estudo e pela descoberta de todas as áreas do conhecimento.

- As marcas da história da Roma Antiga são inúmeras, muitas delas encontram no presente elementos que, também, favorecem o trabalho visando ao conhecimento significativo, por meio da contextualização. Desde o processo de formação social de Roma e a divisão entre patrícios e plebeus, passando pela organização política, com destaque à importância do papel desempenhado pelo Senado e toda a organização do Estado.

As diferenças sociais entre patrícios e plebeus deram origem a uma série de revoltas e conflitos que forçaram a criação de leis que influenciaram a sociedade romana.

Uma das marcas da história de Roma está localizada no período que corresponde à organização e às estruturas do Império Romano, um dos primeiros modelos de interligação com parte do mundo. Investigar a forma como se davam as relações econômicas, políticas, sociais e culturais entre os conquistados, e deles com o dominador romano.

Um olhar para o presente

A construção do conceito de democracia com os alunos do Ensino Médio é extremamente estimulante, pois engloba uma série de elementos que estão presentes no seu cotidiano.

As sugestões para o desenvolvimento desse tema levam em consideração que democracia é mais do que viver num país onde o povo elege seus representantes. Democracia é também a construção do espaço da cidadania.

Atividade 1

O professor encontrará algumas manchetes de jornais que podem proporcionar inúmeras discussões, com o grupo, sobre o significado e a importância da construção do espaço da cidadania, hoje, e depois poderá confrontá-las com o texto que trata da democracia ateniense do livro didático adotado.

- O professor poderá utilizar as manchetes da seguinte maneira:

    a) distribuindo as reportagens em pequenos grupos para que cada um faça análise das manchetes e demonstre o conhecimento que tem sobre o assunto de cada uma;
    b) e, o mais importante, que a relacione com a construção do espaço da cidadania e de que forma ele se percebe inserido no contexto de todas as manchetes;
    c) em seguida, fazer uma análise do processo de formação da democracia ateniense a partir da leitura do texto do livro didático adotado ou de textos que tratem do assunto de sua escolha;
    d) por fim, o professor deverá promover um debate para que o grupo possa se posicionar diante da importância e do significado, para um povo, da democracia e do espaço da cidadania, da questão da exclusão de segmentos sociais desse processo hoje e em Atenas no século V a.C. e de quais traços da democracia ateniense permaneceram e quais mudaram.

Sugestão de reportagens

1) "Restaurante é suspeito de racismo em São Paulo." Folha de S. Paulo, 4 de janeiro de 2012.

2) Encrespou: "Estagiária afirma ter sido alvo de preconceito após diretora de colégio pedir para que ela alisasse o cabelo; caso foi parar na delegacia de crimes raciais." Folha de S. Paulo, 7 de dezembro de 2011.

3) "Mais 2 gays são agredidos na região da avenida Paulista." Folha de S. Paulo, 10 de dezembro de 2010.

4) "Agricultura brasileira cresceu com sustentabilidade." Disponível em: <http://www.agorams.com.br/jornal/2012/02/agricultura-brasileira-cresceu-com-sustentabilidade-diz-katia-abreu/>. Acesso em: fev. 2012.

5) "Pesca ultrapassa os limites da sustentabilidade: população de peixes diminui 60%." Disponível em: <http://hypescience.com/pesca-ultrapassa-os-limites-da-sustentabilidade-populacao-de-peixes-diminui-60/>. Acesso em: jan. 2012.

6) "Supermercados de São Paulo param de fornecer sacolas plásticas." Disponível em: <http://invertia.terra.com.br/sustentabilidade/noticias>. Acesso em: jan. 2012.

7) "Após três eleições, Lula chega à Presidência da República." Disponível em: <http://www1.folha.uol.com.br/folha/brasil/ult96u41521.shtml>. Acesso em: jan. 2012.

8) "Dilma é eleita primeira mulher presidente do Brasil." Disponível em: <http://eleicoes.uol.com.br/2010/ultimas-noticias/2010/10/31/dilma-e-eleita-primeira-presidente-mulher.jhtm>. Acesso em: jan. 2012

Contextualizar é reconhecer o significado do conhecimento científico

Atividade 2

- O professor e o grupo fazem a leitura das imagens propostas. Analisam as marcas da Idade Antiga no presente, e a maneira como se inserem no cotidiano dos alunos.

- Em seguida o grupo deverá comparar as imagens com o texto que trata do assunto no livro didático.

Atividade 3

Mito e ciência

Sugere-se que o professor trabalhe os conceitos de mito e ciência na Grécia Antiga, partindo de exemplos atuais, pela leitura do texto da Agência FAPESP que relata as principais descobertas científicas do ano de 2007, e, em seguida, outro texto que faz menção ao significado dos mitos e heróis, hoje.

O outro passo é estabelecer um vínculo entre a importância da ciência e do mito na sociedade atual e de que maneira os gregos antigos trataram o assunto.

Descobertas científicas mais importantes do ano de 2007

Agência FAPESP – 21-12-2007

A Revista Science elegeu as dez descobertas científicas consideradas mais importantes pelos editores daquela publicação no ano 2007. O Site Inovação Tecnológica publicou todas as descobertas escolhidas que estão em sua área de cobertura, assim que elas aconteceram.

Entre os principais feitos, a revista destacou descobertas relacionadas à variação genética humana, à reprogramação de células adultas e à origem dos raios cósmicos. Esta última descoberta teve participação importante de pesquisadores brasileiros.

Diferenças no DNA

Segundo a revista, a comunidade científica se surpreendeu com uma série de avanços nas pesquisas sobre o genoma humano que demonstram existir uma diferença muito maior do que se imaginava entre o DNA de diferentes pessoas.

"Por muitos anos temos ouvido sobre como as pessoas são idênticas entre elas e até em relação a outros primatas. Mas, neste ano, avanços em várias frentes levaram pela primeira vez a concluir que há uma grande diferença entre os genomas de cada indivíduo", disse o editor de ciências físicas da publicação, Robert Coontz, que coordenou o processo de seleção dos principais avanços do ano.

"É um imenso salto conceitual que afetará a vida humana desde como os médicos tratam as doenças até como nos vemos enquanto indivíduos", destacou.

Desde o sequenciamento do genoma humano, os cientistas têm mapeado pequenas variações no genoma humano, que tiveram papel-chave em projetos de pesquisa em associação completa de genomas, realizados em 2007. Nesses projetos, pesquisadores compararam o DNA de milhares de indivíduos com e sem doenças para determinar quais das pequenas variações genéticas representam riscos.

Reprogramação celular

Em segundo lugar entre os principais avanços científicos do ano, a revista apontou a tecnologia de reprogramação de células anunciada em junho. Na ocasião, pesquisadores do Japão e dos Estados Unidos criaram células-tronco pluripotentes induzidas, a partir da pele de camundongos, que poderiam ser utilizadas para produzir todos os tipos de tecidos do corpo. Em novembro, duas equipes anunciaram o mesmo feito com células da pele humanas.

Origem dos raios cósmicos

Em terceiro lugar, a revista indicou a pesquisa realizada no Observatório Pierre Auger, na Argentina, que descobriu a origem dos raios cósmicos de alta energia – um dos maiores mistérios da astronomia. A pesquisa, que teve importante participação brasileira, sugere que os raios são emitidos a partir de áreas do espaço onde existem núcleos galácticos ativos, isto é, galáxias com buracos negros supermassivos em seu centro.

Mensagens hormonais

Em quarto lugar, a Science apontou a pesquisa que determinou a estrutura do receptor Beta2-adrenérgico humano, que regula os sistemas humanos internos ao carregar, pelo corpo, mensagens dos hormônios, serotonina e outras moléculas. Esses receptores são alvo para medicamentos que vão de anti-histamínicos a betabloqueadores.

Óxidos metálicos

Avanços na transição de óxidos metálicos ficaram em quinto lugar por seu potencial para viabilizar uma nova revolução dos materiais. Em 2007, diz a revista, equipes de cientistas utilizaram pares de óxidos para produzir interfaces com uma ampla gama de propriedades magnéticas e elétricas potencialmente úteis.

Spintrônica

Em sexto lugar, foi lembrado o trabalho de físicos teóricos e experimentais que produziram o já previsto efeito Hall de rotação quântica, um comportamento singular de elétrons que fluem por meio de certos materiais submetidos a campos elétricos externos. Se esse efeito funcionar em temperatura ambiente, ele poderá levar ao desenvolvimento de um novo equipamento de computação "spintrônico" de baixa potência.

Células T

Em sétimo lugar, ficou a pesquisa sobre como células T que combatem vírus e tumores se especializam para fornecer proteção imediata ou de longo prazo. Os autores do trabalho descobriram que, quando se observa uma célula T logo após sua divisão, dois tipos diferentes de proteínas são gerados em polos opostos da célula. De um lado, elas apresentam características de "soldados", e do outro de "células de memória", que podem esperar por anos para combater intrusos.

Síntese química

A revista lembrou ainda a pesquisa em síntese química que levou a uma série de técnicas eficientes e econômicas para o desenvolvimento de compostos farmacêuticos e eletrônicos.

Origens da memória e da imaginação

Outro destaque foram estudos em humanos e ratos que sugerem que a memória e a imaginação têm seu substrato no hipocampo, um centro crítico de memória do cérebro. Os pesquisadores inferem que a memória no cérebro pode rearranjar experiências passadas para criar cenários futuros.

Inteligência artificial

A décima conquista lembrada pela Science tratou de inteligência artificial: a solução do jogo de damas. Jonathan Schaeffer e seu grupo demonstraram que o jogo termina empatado se nenhum dos dois participantes comete erros.

Mitologia – mitos, lendas, heróis

Na sociedade atual, os mitos passaram a ser representados por meio da ficção. Você conhece heróis de filmes de ficção? O cinema moderno criou uma série de mitos, como Super-Homem, Batman, Homem-Aranha, Harry Potter etc.

No *Dicionário Houaiss* a palavra *mito* é um substantivo que se refere ao *"relato fantástico de tradição oral, protagonizado por seres que encarnam as forças da natureza e os aspectos gerais da condição humana; lenda"*.

Com base nessa definição, é interessante observar que os mitos criados pela sociedade moderna, também, exprimem os valores, geralmente, ligados a um tipo de domínio, seja ideológico, econômico, ou definem a mentalidade de um povo numa determinada época.

- E os mitos do passado? A sugestão é que o professor recorra à mitologia grega com a finalidade de responder essa questão e ampliar a visão e o conhecimento do aluno sobre o tema.

Referências

AGÊNCIA FAPESP. Descobertas científicas mais importantes do ano de 2007. Disponível em: <http://www.inovacaotecnologica.com.br/noticias/noticia.php?artigo=descoberta-cientificas-mais-importantes-2007>. Acesso em: dez./2011.

CHAUÍ, Marilena de Sousa. *Cultura e democracia*: o discurso competente e outras falas. 5. ed. São Paulo: Cortez, 1990. v. 2. (Biblioteca da Educação. Série 6).

GIBBON, Edward. *Declínio e queda do Império Romano*. São Paulo: Companhia das Letras, 1989.

HAUSER, Arnold. *História social da literatura e da arte*. 4. ed. São Paulo: Mestre Jou, 1982. v. 1.

KUHN, Thomas S. *A estrutura das revoluções científicas*. 2. ed. São Paulo: Perspectiva, 1978.

MATTIUZZI, Alexandre Augusto. *Mitologia ao alcance de todos*: os deuses da Grécia e Roma antigas. São Paulo: Nova Alexandria, 2000.

PINSKY, Jaime. *Modos de produção na Antiguidade* (Sel., org. e intr.). São Paulo: Global, 1982.

_____. *As primeiras civilizações*. 20. ed. São Paulo: Contexto, 2001. (Repensando a História).

ROSTOVTZEFF, Michael. *História de Roma*. 5. ed. Rio de Janeiro: Zahar, 1983.

SALLES, Catherine. *Nos submundos da Antiguidade*. São Paulo: Brasiliense, 1981.

STONE, I. F. *O julgamento de Sócrates*. 7. ed. São Paulo: Companhia das Letras, 2001.

VIDAL-NAQUET, Pierre. *O mundo de Homero*. São Paulo: Companhia das Letras, 2002.

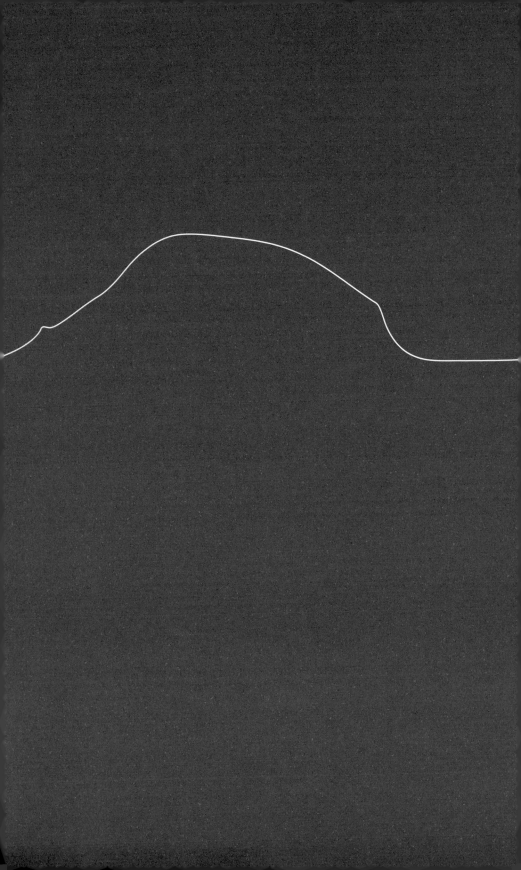

Idade Média

O elo com o passado

No segmento do Ensino Médio, o estudo da Idade Média é um desafio tanto para o professor quanto para o aluno. Há uma distância entre os valores do mundo atual e aqueles praticados no período medieval.

Durante muitos anos a Idade Média foi caracterizada pelos historiadores como "Idade das Trevas", em razão do modelo de domínio político e espiritual exercido pela Igreja Católica; pela diminuição drástica da vida urbana e pela intensa vida rural; e por ser considerada apenas como um período de transição entre a Idade Antiga e a Idade Moderna.

Alguns estudiosos, porém, como os historiadores representantes da "Nova História", Marc Bloch e Jacques Le Goff, desenvolveram pesquisas que contrariam essa visão, e não aceitam a ideia que reduz sua importância histórica a uma fase de transição.

Em seu livro *Em busca da Idade Média*, Jacques Le Goff faz uma análise de todas as marcas deixadas pelo período medieval, e no início de sua leitura nos leva à seguinte indagação: "Idade das Trevas ou dos Trovadores?".

O conceito de Idade das Trevas, segundo o autor, ficou tão impregnado que, até hoje, quando nos referimos a algo arcaico, atrasado, comumente utilizamos a expressão: "Isso é medieval".

O historiador francês considera que, mesmo muito distante da realidade contemporânea, o universo medieval está muito próximo desta, e o considera um período riquíssimo em conceitos sociológicos, filosóficos, religiosos, culturais e psicológicos. Em uma de suas reflexões, defende a tese de que a Europa Ocidental não teria atingido seu grau de desenvolvimento material e cultural se não fosse a Idade Média.

Por isso, o historiador valoriza as preocupações que permeavam a vida cotidiana e existencial dos intelectuais da época, geralmente, representantes da Igreja Católica; a produção literária expressa pelo Trovadorismo; a simplicidade do camponês que vive no interior do feudo; e as festas realizadas nos castelos e nas aldeias.

Essa valorização vem entremeada pelo universo medieval, em que homens e mulheres tiveram sua história fortemente amparada pela noção de Criação, de paraíso, purgatório e inferno; pecado e perdão, riqueza e pobreza, atrelados ao Deus de Bondade.

A desconstrução que o historiador faz do tradicional conceito de Idade das Trevas esboça uma civilização que serviu de base para o desenvolvimento de toda a cultura europeia ocidental, que se alastrou pela América e pela África por meio da colonização e mantém-se viva em vários setores da civilização ocidental atual.

A leitura dessa obra de Le Goff traz para o professor de História, que trabalha no Ensino Médio, inúmeras possibilidades de contextualizar conceitos que abrem um diálogo direto entre a mentalidade do presente e a do passado medieval.

A marca da Era Medieval, que será destacada como sugestão para um trabalho de contextualização do conhecimento histórico, está ligada ao significado da terra tanto para os proprietários quanto para os trabalhadores. Durante a Idade Média, a propriedade da terra representava sobrevivência material, política, mas, acima de tudo, poder, privilégio e direitos hereditários, visão que perdurou por vários séculos.

Os proprietários de terra medievais pertenciam à nobreza e ao clero. Esses dois grupos se mantiveram no poder durante a Idade Média até a Revolução Francesa de 1789. Seus valores, suas crenças, seus comportamentos diante da posição de dominante, contudo, reproduziram-se pelo mundo até os dias atuais.

Para os camponeses, a terra era sinônimo de sobrevivência e de trabalho. Dessa maneira, é possível perceber que a questão da terra, assim como o vínculo com a noção da Criação, foram elementos fundamentais que balizaram a concepção de mundo de homens e mulheres que viveram durante o Período Medieval e justificaram a divisão da sociedade em estamentos e ordens a partir da visão que respeitava a vontade de Deus, isto é, Ele assim o quis e, portanto, determinou que o mundo fosse assim.

Outro fato importante e interessante sobre a Idade Média refere-se à discussão promovida, especialmente, pelos materialistas históricos que afirmavam que o desenvolvimento técnico dos instrumentos de trabalho foi maior durante o Feudalismo do que ao longo do Império Romano. Isso se deve ao tipo de trabalhador responsável pela produção e pelo sustento das duas sociedades. A principal força de trabalho durante o Império Romano foi a escrava, cuja condição humana fica restrita ao fato de o trabalhador ser propriedade de alguém e, como tal, totalmente dependente das vontades do seu senhor e das tarefas determinadas por ele.

No Feudalismo, o servo, para viver protegido pelo senhor feudal no interior do feudo, estava sujeito ao pagamento de inúmeras obrigações. Em troca, além da segurança, tinha o direito de produzir, durante parte do tempo, para garantir a sobrevivência dele e de sua família. Por isso, quanto mais ágeis fossem os instrumentos de trabalho, maior e mais rápida seria a produção destinada à sobrevivência e à troca.

Portanto, discutir a questão da terra é uma sugestão para se contextualizar o universo que envolveu o Feudalismo, mas o professor poderá optar por todas as outras possibilidades que foram apontadas até aqui, como situações relacionadas à religiosidade e outras, como previsões apocalípticas sobre o fim do mundo.

Enfim, trabalhando com essas perspectivas, a Idade Média perde, para o aluno, seu caráter imóvel, atrasado, obscuro e pode transformar-se em uma referência para reflexões importantes que norteiam o mundo atual.

Um olhar para o presente

Atividade 1

- Sugere-se, primeiramente, utilizar as manchetes relacionadas, a seguir, sobre os problemas que envolvem a questão da terra. Se possível, fazer com o grupo a leitura na íntegra de cada uma das matérias.

Sugestão de reportagens

1) "Questão dos sem-terra no Paraguai é problema da justiça." Disponível em: <http://br.noticias.yahoo.com/

quest%C3%A3o-dos-terra-paraguai-%C3%A9-problema--justi%C3%A7a-211818007.html>. Acesso em: jan. 2012.

2) "Dados do Incra indicam avanços da reforma agrária, mas MST contesta." Disponível em: <http://www.estadao.com.br/noticias/nacional,dados-do-incra-indicam-avancos-da-reforma--agraria-mas-mst-contesta,825060,0.htm>. Acesso em: jan. 2012.

3) "Alckmin retoma projeto de terras no Pontal." Disponível em: <http://www.estadao.com.br/noticias/nacional,alckmin-retoma--projeto-de-terras-no-pontal,812604,0.htm>. Acesso em: jan. 2012.

- Em seguida, sugere-se que os alunos, em pequenos grupos, respondam algumas questões e promovam um debate que poderá abrir um diálogo sobre a importância da terra durante o Feudalismo.

    a) De que maneira a questão da terra está presente em cada uma das manchetes e matérias destacadas?
    b) O que o grupo conhece sobre as necessidades de Reforma Agrária no Brasil e na América Latina?
    c) Qual modelo de latifúndio é um entrave para o processo do desenvolvimento agrário?
    d) O que representa para os trabalhadores ligados à produção agrícola no Brasil a agricultura familiar e o agronegócio?
    e) Para responder a toda essa questão sugere-se que o professor apresente para os alunos letra e música do compositor Chico Buarque de Hollanda. A primeira, inspirada na obra literária *Morte e vida Severina*, de João Cabral de Melo Neto, que trata da questão do trabalhador do campo. A segunda, *Construção*, que relata um dos dramas vividos

pelo trabalhador do campo, que é obrigado a migrar para os grandes centros urbanos em busca da sobrevivência.

Morte e vida Severina

Esta cova em que estás, com palmos medida
É a conta menor que tiraste em vida
É de bom tamanho, nem largo, nem fundo

É a parte que te cabe deste latifúndio

Não é cova grande, é cova medida
É a terra que querias ver dividida
É uma cova grande pra teu pouco defunto
Mas estarás mais ancho que estavas no mundo

É uma cova grande pra teu defunto parco
Porém mais que no mundo, te sentirás largo

É uma cova grande pra tua carne pouca
Mas à terra dada não se abre a boca
É a conta menor que tiraste em vida

É a parte que te cabe deste latifúndio
(É a terra que querias ver dividida)
Estarás mais ancho que estavas no mundo
Mas à terra dada não se abre a boca

João Cabral de Melo Neto e Chico Buarque de Hollanda (1970)

A propriedade da terra nas mãos de poucos sempre representou a miséria de muitos no Brasil e no mundo. A partir dessa afirmação e da leitura das reportagens, analise a situação de dois tipos de trabalhadores na visão do compositor e cantor Chico Buarque de Hollanda.

Finalmente, sugere-se que o professor utilize o material didático adotado e estabeleça um canal de comunicação entre a vida dos trabalhadores da terra, hoje e durante o Feudalismo, esgotando todos os elementos que cercam e cercaram o cotidiano de cada um.

Construção

Amou daquela vez como se fosse a última

Beijou sua mulher como se fosse a última
E cada filho seu como se fosse o único
E atravessou a rua com seu passo tímido

Subiu a construção como se fosse máquina

Ergueu no patamar quatro paredes sólidas
Tijolo com tijolo num desenho mágico
Seus olhos embotados de cimento e lágrima

Sentou pra descansar como se fosse sábado
Comeu feijão com arroz como se fosse um príncipe
Bebeu e soluçou como se fosse um náufrago
Dançou e gargalhou como se ouvisse música

E tropeçou no céu como se fosse um bêbado

E flutuou no ar como se fosse um pássaro
E se acabou no chão feito um pacote flácido
Agonizou no meio do passeio público

Morreu na contramão atrapalhando o tráfego

Amou daquela vez como se fosse o último
Beijou sua mulher como se fosse a única
E cada filho seu como se fosse o pródigo

E atravessou a rua com seu passo bêbado
Subiu a construção como se fosse sólido

Ergueu no patamar quatro paredes mágicas
Tijolo com tijolo num desenho lógico
Seus olhos embotados de cimento e tráfego
Sentou pra descansar como se fosse um príncipe

Comeu feijão com arroz como se fosse o máximo
Bebeu e soluçou como se fosse máquina
Dançou e gargalhou como se fosse o próximo

E tropeçou no céu como se ouvisse música

E flutuou no ar como se fosse sábado
E se acabou no chão feito um pacote tímido
Agonizou no meio do passeio náufrago

Morreu na contramão atrapalhando o público

Amou daquela vez como se fosse máquina
Beijou sua mulher como se fosse lógico
Ergueu no patamar quatro paredes flácidas

Sentou pra descansar como se fosse um pássaro

E flutuou no ar como se fosse um príncipe
E se acabou no chão feito um pacote bêbado
Morreu na contramão atrapalhando o sábado
Por esse pão pra comer, por esse chão pra dormir
A certidão pra nascer e a concessão pra sorrir
Por me deixar respirar, por me deixar existir,

Deus lhe pague

Pela cachaça de graça que a gente tem que engolir
Pela fumaça e a desgraça, que a gente tem que tossir
Pelos andaimes pingentes que a gente tem que cair,

Deus lhe pague

Pela mulher carpideira pra nos louvar e cuspir
E pelas moscas bicheiras a nos beijar e cobrir
E pela paz derradeira que enfim vai nos redimir,
Deus lhe pague.

Chico Buarque de Hollanda (1972)

Atividade 2

O século XXI impõe ao ser humano inúmeros desafios, mas certamente a questão da produção de alimentos, a erradicação da fome e a sustentabilidade são os mais urgentes.

Por trás dessas questões está a Terra

Ao longo da história humana, a propriedade da terra já foi motivo de profundas desigualdades sociais, de guerras entre grupos humanos e civilizações inteiras. Já foi motivo de poder e dominação de um grupo sobre outro; de escravidão.

Hoje, a propriedade da terra está ligada diretamente à produção de alimentos e, ao mesmo tempo, utilizando técnicas que não destruam mais as áreas fundamentais, para o equilíbrio ambiental.

Mas, durante a Idade Média, além de poder e riqueza, a propriedade da terra representava privilégios que se transformaram em direitos seculares, rompidos apenas na Revolução Francesa de 1789.

Muitas vezes os alunos se perguntam: para que serve estudar o Feudalismo? Talvez para compreender os níveis estabelecidos nas relações humanas durante esse período, percebendo o quanto a propriedade da terra garantia a sobrevivência material e, ao mesmo tempo, servia para que a minoria tivesse direitos e privilégios hereditários. Entretanto, compreender essas relações pode contribuir muito, se partimos de uma análise do presente com a finalidade de percebermos o quanto, nesse aspecto, a evolução cultural humana foi fundamental e o quanto a terra tem valor, não como propriedade, mas como um bem que deve receber tratamento adequado, para que haja condições de oferecer alimentação para a humanidade, um direito, e jamais um privilégio.

Por isso, a sugestão para essa segunda atividade é promover a reflexão do aluno sobre o quanto, hoje, a questão da propriedade da terra nas mãos de poucos precisa ser repensada e o quanto a ausência de produção significa a disseminação da miséria em continentes como o africano. Mas a humanidade, também, precisa preocupar-se com o desperdício de alimentos, pois inúmeras pesquisas apontam que a quantidade de alimentos que é desperdiçada daria para alimentar milhões de pessoas todos os dias no mundo.

- Sugere-se a análise das imagens e dos textos relacionados a seguir, editados *on-line*.

Sugestão de reportagens

1) "Bono Vox lança campanha contra fome na África." Disponível em: <http://planetasustentavel.abril.com.br/noticias/bono-vox-campanha-one-fome-chifre-africa-the-f-word-642460.shtml>. Acesso em: jan. 2012.
2) "Fome na África necessita de ajuda 'sólida e urgente', diz ONU." Disponível em: <http://g1.globo.com/mundo/noticia/2011/07/fao-fome-na-africa-necessita-de-ajuda-massiva-e-urgente.html>. Acesso em: jan. 2012.
3) "Epidemia de Aids deve aumentar a fome na África." Disponível em: <http://noticias.terra.com.br/mundo/noticias/0,,OI85078-EI294,00-Epidemia+de+Aids+deve+aumentar+a+fome+na+Africa.html>. Acesso em: jan. 2012.

4) "Diretor da FAO quer tratar a fome como um tema de guerra." Disponível em: <http://www.guiaglobal.com.br/noticia-diretor_da_fao_quer_tratar_a_fome_como_um_tema_de_guerra-5607>. Acesso em: jan. 2012.

Escassez de terra e água cria risco alimentar, diz ONU

(Reuters, em Milão)

A rápida expansão populacional, a mudança climática e a degradação dos recursos hídricos e fundiários devem tornar o mundo mais vulnerável à insegurança alimentar, com o risco de não ser possível alimentar toda a população até 2050, disse a FAO (agência da ONU para alimentação e agricultura) nesta segunda-feira.

Nas próximas quatro décadas a população mundial deve saltar de 7 para 9 bilhões de pessoas, e para alimentá-las seria preciso uma produção adicional de 1 bilhão de toneladas de cereais e 200 milhões de toneladas de carne por ano.

A introdução da agricultura intensiva nas últimas décadas ajudou a alimentar milhões de famintos, mas muitas vezes levou à degradação da terra e dos produtos hídricos, segundo a FAO.

"Esses sistemas em risco podem simplesmente não ser capazes de contribuir conforme o esperado para atender às demandas humanas até 2050", disse o diretor-geral da organização, Jacques Diouf. "As consequências em termos de fome e pobreza são inaceitáveis. Ações paliativas precisam ser tomadas agora."

Segundo o relatório, intitulado "Estado dos Recursos Hídricos e Fundiários do Mundo para a Alimentação e a Agricultura", um quarto das terras aráveis do mundo está altamente degradada, 8% está moderadamente degradada e 36% ligeiramente degradada ou estável, e apenas 10% está melhorando.

A escassez de água também vem se agravando, devido a problemas de salinização e poluição dos lençóis freáticos e de degradação de rios, lagos e outros ecossistemas hídricos. O uso da terra para fins industriais e urbanos também agrava o problema alimentar mundial.

De acordo com a FAO, cerca de 1 bilhão de pessoas estão atualmente desnutridas, sendo 578 milhões na Ásia e 239 milhões na África Subsaariana.

Nos países em desenvolvimento, mesmo que a produção agrícola dobre até 2050, 5% da população continuaria desnutrida, ou cerca de 370 milhões. Para que a fome e a insegurança alimentar recuem, a produção de alimentos precisaria crescer num nível superior ao da população. Isso, acrescenta o relatório, teria de ocorrer principalmente nas áreas já utilizadas para a agricultura, com um uso mais intensivo e sustentável da terra e da água.

Disponível em: <http://www1.folha.uol.com.br/mundo/1013147-escassez-de-terra-e-agua-cria-risco-alimentar-diz-onu.shtml>. Acesso em: jan. 2012.

Referências

BARK, William Carroll. *Origens da Idade Média*. 4. ed. Rio de Janeiro: Zahar, 1979.

FOURQUIN, Guy. *História econômica do Ocidente medieval*. Lisboa: Edições 70, 2000.

FERRO, Marc. *História das colonizações*: das conquistas às independências, séculos XIII a XX. 2. ed. Tradução de Rosa Freire d'Aguiar. São Paulo: Companhia das Letras, 1999.

GOFF, Jacques Le. *Em busca da Idade Média*. Rio de Janeiro: Civilização Brasileira, 2006.

HOLLANDA, Chico Buarque. *Construção*. São Paulo: Philips, 1971.

_____. *Chico Buarque de Holanda*. v.3. São Paulo: Philips, 1968.

HOUAISS, A. *Dicionário eletrônico Houaiss da Língua Portuguesa*. Rio de Janeiro: Objetiva, 2002.

HUBERMAN, Leo. *História da riqueza do homem*. São Paulo: Zahar Editores, 1981

MASSARDIER, Gilles. *Contos e lendas da Europa Medieval*. São Paulo: Companhia das Letras, 2002.

MELO NETO, João Cabral. *Morte e Vida Severina*. Rio de Janeiro: Alfaguana/Objetiva, 1986.

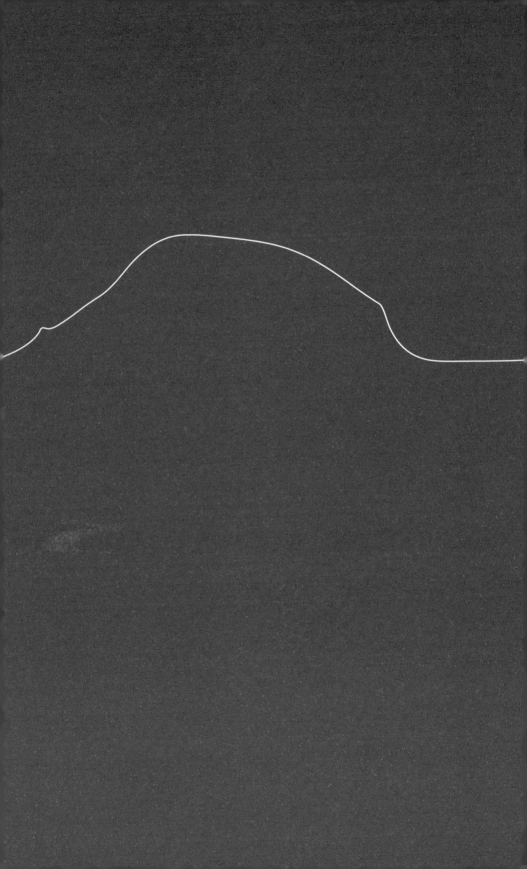

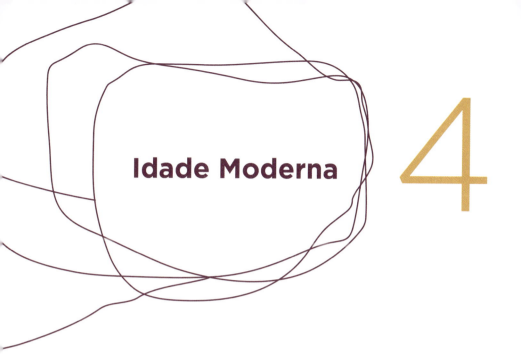

Idade Moderna 4

O elo com o passado

Qual o conceito de moderno ou modernidade?

A resposta para o significado dessas palavras pode ser o ponto de partida para um trabalho de contextualização de um dos períodos mais importantes da História da humanidade, cujas marcas foram responsáveis por uma série de fatos, conceitos, descobertas, produção artística e cultural, que perduram até os dias atuais.

Em setores como a navegação, técnicas de pintura, escultura, estruturas de textos literários, é possível identificar as ações de homens e mulheres que viveram durante a Idade Moderna.

No *Dicionário Aurélio, moderno* refere-se a "atual; presente ou próximo dos tempos atuais; novidade; que está à frente do seu tempo".

Estar à frente de seu tempo é a definição que mais se aproxima da Idade Moderna e que nos permite desenvolver um trabalho de contextualização dentro de sala de aula, pois, a partir dela, é possível entender por que historiadores assim denominaram esse período.

O Renascimento Cultural; as grandes descobertas científicas que impulsionaram a Expansão Marítima; a exploração da costa africana; a chegada ao Novo Mundo; e a Reforma Protestante marcaram profundamente a História da humanidade por longo tempo e seus reflexos são sentidos e vistos atualmente em diferentes lugares e setores da humanidade.

O Humanismo, base teórica do Renascimento Cultural, passou a defender o Homem como centro do Universo, dando força para o desenvolvimento do Antropocentrismo em oposição ao Teocentrismo medieval.

Para os humanistas, Deus continuou sendo o criador de todas as coisas e deu ao ser humano o dom de interferir, por meio de ações, na sua vida. Essa visão serviu de apoio para o avanço do ser humano e permitiu que ele diminuísse o grau de influência do controle espiritual, filosófico e psicológico exercido pela Igreja Católica, A vida passou a ter como meta a busca de si mesmo e do crescimento material e cultural da sociedade.

A Idade Moderna se inicia a partir da crise do sistema feudal, do renascimento da vida urbana e comercial, que dão à Europa Ocidental uma vestimenta completamente diferente daquela que vigorou no auge do Feudalismo.

A simplicidade do campo passa a ter como contraponto a vida agitada das cidades. A crise do século XIV e a Peste Negra levam os Estados Nacionais a buscarem alternativas econômicas em outros continentes, como a África e a América.

Buscar novos rumos para a economia e para a sociedade eram, na visão dos humanistas, as ações que o ser humano deveria praticar para honrar o dom concedido pelo Criador. Por isso, os seres humanos que viveram nessa fase estiveram à frente de seu tempo e impuseram ao mundo o conceito de modernidade.

As obras dos artistas do Renascimento divulgaram as ideias do Humanismo. A nova classe social, a burguesia, sentiu-se amparada por essas ideias que minimizavam a visão que vigorou durante todo o Período Medieval que considerava o lucro um pecado.

O conceito de modernidade e a comparação entre os aspectos modernos do mundo do século XXI e aqueles dos séculos XVI, XVII e XVIII podem constituir-se em um trabalho não apenas de contextualização do conhecimento, mas também na possibilidade de o aluno perceber de maneira concreta os significados da chamada modernidade de seu tempo e suas representações e como essa modernidade influi no processo de construção da sua identidade, tendo sempre como referencial que a produção material e cultural humana é cumulativa e, por mais simples que possam parecer, as invenções, as relações sociais, políticas, econômicas e culturais do passado foram e são fundamentais e estão presentes, servindo de parâmetro para o desenvolvimento humano.

Na Idade Moderna, encontram-se as primeiras sementes do sistema capitalista. As estratégias econômicas dos Estados Nacionais proporcionaram o acúmulo de capital que, a partir do século XVIII, foi investido na Primeira Revolução Industrial.

A industrialização do século XVIII tornou-se a base para todo o desenvolvimento tecnológico do mundo até hoje.

Um olhar para o presente

Atividade 1

O que é modernidade?

- Sugere-se que o professor converse com os alunos, para fazer um levantamento de conhecimentos prévios, sobre o significado de modernidade; utilizando as imagens, a seguir, para que eles identifiquem se esse significado se refere apenas ao conteúdo das fotos.

Fonte: www.twitter.com
Fonte: www.facebook.com

- Em seguida, os alunos devem ler o texto que se segue:

O *Dicionário Houaiss* traz a seguinte definição para a palavra modernidade: *"qualidade ou estado do que é moderno; modernismo; moderno; avançado (com relação aos padrões convencionais)"*. Ao se levar em consideração que moderno se refere ao que é avançado em relação aos padrões convencionais, pode-se afirmar que se está em plena Era da Modernidade.

A permanente revolução tecnológica tem produzido no ser humano determinados comportamentos que o fazem acreditar que ele tem necessidade de consumir coisas que, na realidade, não tem. Sempre com a justificativa de melhorar sua qualidade de vida, por exemplo, otimizando suas tarefas para que tenha mais tempo livre, mas isso nem sempre acontece.

Isso não é difícil de ser identificado. Um modelo de celular lançado num semestre, com vários recursos tecnológicos, no semestre seguinte é substituído por outro com recursos ainda mais avançados. Esse é um exemplo de mudança de comportamento.

Tarefas simples, realizadas pelo ser humano e que até muito pouco tempo atrás não necessitavam de qualquer ajuda da tecnologia, hoje, são impossíveis de serem realizadas sem esse suporte.

- Sugere-se que, no próximo passo, o professor promova um debate em sala de aula com a finalidade de permitir que o grupo fale sobre as características da modernidade de seu tempo e da forma que ela interfere na mentalidade das pessoas.

- Se o professor quiser, também poderá utilizar o texto que se segue e as matérias de jornais e revistas que mostrem o quanto as "redes sociais" foram importantes para os movimentos pela democracia, ocorridos em 2011 no Oriente Médio.

As revoluções tecnológicas dos últimos vinte anos atingiram as formas de comunicação entre as pessoas de maneira irreversível, da mesma maneira que a imprensa de Gutenberg. Notícias do mundo inteiro divulgadas em tempo real são comuns e estão inseridas no cotidiano da humanidade. Formas de criar, agir, pensar, executar são difundidas em pouquíssimos minutos, por meio das redes sociais. As transformações tecnológicas são constantes e permanentes.

A revolução tecnológica atingiu todos os países do mundo. Podem-se até encontrar em alguns deles comunidades que ainda não foram atingidas por ela, mas, muito provavelmente, por pouco tempo.

Essa revolução tem exigido do ser humano mudanças fundamentais, e delas dependem as relações sociais. O acesso à Arte, ao conhecimento científico de ontem e de hoje está à disposição de qualquer pessoa que tenha, na cidade em que mora, uma *lan house* com conexão à Internet.

Um dos principais conceitos de revolução é que, para ser considerada como tal, é preciso que haja transformações sociais, políticas, econômicas e culturais. A "revolução tecnológica" que vem ocorrendo nos últimos anos preenche parcialmente os requisitos do conceito. Embora não tenha colocado em prática um novo sistema econômico, novas formas de produção de riquezas, por exemplo, no campo da política e da sociedade basta analisar de que forma os movimentos sociais do ano de 2011 no Oriente Médio se organizaram; assim como as manifestações contra a crise global, na Europa e nos Estados Unidos (Hobsbawm, 2000).

Sugestão de reportagens

1) "Inspirados na revolta do Egito, líbios vivem seu 'Dia da Fúria'." Disponível em: <http://veja.abril.com.br/noticia/internacional/libia-vive-novo-%E2%80%98dia-da-furia%E2%80%99-convocado-pela-internet>. Acesso em: 17 fev. 2011.
2) "Manifestantes do '*Ocupe Wall Street*' são presos em NY." Disponível em: <http://veja.abril.com.br/noticia/economia/manifestantes-do-ocupe-wall-street-sao-presos-em-ny>. Acesso em: 16 mar. 2012.

Para finalizar, sugere-se que o professor analise imagens, textos e obras de arte que mostrem como as ideias humanistas se propagaram pela Europa Ocidental; o impacto que elas causaram nas sociedades que viveram na época; e como foram fundamentais para a sociedade atual. Um dos elementos fundamentais para ampliar o conhecimento dos alunos foi a invenção da imprensa por Gutenberg. Esse assunto merece destaque para que o aluno perceba as condições materiais da época e a capacidade humana de criar e propagar suas ideias.

Atividade 2

Globalização no século XXI

O objetivo dessa atividade é que o aluno conheça os paradoxos promovidos pela globalização, assim como os desafios impostos por ela ao ser humano.

Finalizada essa etapa, o aluno, com o objetivo de aprofundar seus conhecimentos sobre a Expansão Marítima, deve identificar que este foi o primeiro modelo de globalização da história. Para que esse processo se concretize:

- Sugere-se que o professor faça uma ampla discussão com o grupo sobre o significado da globalização para a humanidade do século XXI, analisando os prós e os contras; em seguida, analise as imagens sobre os diferentes efeitos da globalização no Planeta e leia o texto que acompanha as imagens.

O processo da globalização é um fenômeno do sistema capitalista. De maneira genérica, a globalização se caracteriza pelas relações do espaço geográfico mundiais, por meio da interligação econômica, política, social e cultural de todos os continentes e países do Planeta.

Por si só, a definição pode nos dar, num primeiro momento, a ideia de que um mundo globalizado caracteriza-se pela igualdade de condições no que diz respeito à concorrência econômica entre os países, mas, na prática, não é isso o que verificamos. Basta analisar a crescente miséria em continentes como o africano e constatar que não há igualdade.

Idade Moderna 91

A globalização, por ser um processo que ocorre em diferentes níveis, tem acarretado uma série de consequências bem diferentes entre os países e as nações mais ricas, que até o momento são aquelas que na realidade se beneficiam, especialmente, porque expandem seus mercados consumidores.

Outro aspecto importante do fenômeno da globalização está diretamente ligado à expansão dos sistemas de comunicação, por meio de satélites, transportes e telefonia. Tais sistemas possibilitam o apoio estrutural que contribui, consideravelmente, para a intensificação socioeconômica mundial. O crescimento e o desenvolvimento dos sistemas de comunicação são duas das consequências da chamada Terceira Revolução Industrial, que tem promovido avanços tecnológicos responsáveis pela integração econômica e cultural entre as regiões e os países de diferentes pontos do Planeta.

Um exemplo claro da ação do fenômeno globalizante: no campo cultural, o enorme fluxo de informações, veiculadas pelos programas de televisão e pela Internet, tem influenciado de maneira sistemática alguns hábitos humanos. (Santos, 2002).

Globalização do século XVI

A globalização é um fenômeno que está identificado com o conceito de modernidade, mas esse modelo já aconteceu em outro tempo. Do ponto de vista histórico, convencionou-se chamar de Idade Moderna o período que teve início em 1453 e se estendeu até 1789. E por quê? Porque nesse período o ser humano iniciou um processo de rompimento com o pensamento medieval, desenvolvendo uma mentalidade acompanhada por atitudes, demonstrando que aqueles que viveram naquela fase estavam avançados em relação aos valores impostos pela mentalidade medieval. Na Idade Moderna o ser humano desafiou o poder da Igreja Católica, enfrentou longas viagens pelos oceanos em busca de novas terras e riquezas, e voltou a valorizar a ciência como caminho para o desenvolvimento material e cultural humanos.

E o que o fenômeno da globalização do século XXI tem a ver com a Expansão Marítima ou com as Grandes Navegações dos séculos XV e XVI?

A Expansão Marítima dos séculos XV e XVI foi o fenômeno responsável pela interligação do mundo, pela primeira vez na história, com objetivos econômicos que acabaram abrangendo os âmbitos sociais, políticos e culturais. Impulsionada pela Revolução Comercial, permitiu o acúmulo primitivo de capital das nações europeias, o que proporcionou a Primeira Revolução Industrial da História, ocorrida no século XVIII, e preparou a humanidade para esse acontecimento.

Quais os recursos tecnológicos utilizados pelos navegadores? Qual a importância da inserção das colônias americanas para o desenvolvimento econômico europeu? As respostas para essas perguntas serão encontradas no tema que trata das Grandes Navegações dos séculos XV e XVI.

Hoje, temas como o respeito à diversidade estão em pauta como uma das consequências da globalização, pois conviver com as diferenças culturais e religiosas é condição básica para o mundo globalizado. Conhecer diferentes línguas, também, está dentro do contexto da globalização:

1) Como ocorreram os primeiros encontros entre europeus e africanos ou asiáticos e americanos?
2) Como essas diferenças foram ou não equacionadas?
3) O que aprender, nesse aspecto, estudando o assunto?

- Sugere-se, para isso, que o professor utilize, como orientação, as questões a seguir, e que, também, faça uma análise das necessidades dos Estados europeus, ao se lançarem pelos oceanos em busca de novas terras:

    a) Como trataram os povos da América e da África?
    b) Quais os interesses que prevaleceram e o que isso significou na vida dos povos que viviam nesses continentes?
    c) É possível estabelecer alguma relação entre o tratamento dado a esses povos e a forma como europeus e norte-americanos trataram a população na invasão do Iraque em 2002? Ou a forma com tratam com Cuba do ponto de vista econômico?

Essas questões podem contribuir para que o grupo abra um canal de comunicação interessante entre o presente e o passado. Dessa forma, a Ciência Histórica atinge vários objetivos traçados até aqui, mas, principalmente, permite que o aluno permaneça no centro do processo da aprendizagem percebendo-se como sujeito da História.

Referências

FERREIRA, A. B. H. *Dicionário eletrônico Aurélio*. Rio de Janeiro: Nova Fronteira, 1996. 1 CD-ROM.

HOBSBAWM, Eric J. A *Era das Revoluções*: Europa 1789-1848. Rio de Janeiro: Paz e Terra, 1981.

HOBSBAWM, Eric J. *O novo século:* entrevista a Antonio Polito. São Paulo: Companhia das Letras, 2000.

HOUAISS, A. *Dicionário eletrônico Houaiss da Língua Portuguesa*. Rio de Janeiro: Objetiva, 2002.

HUBERMAN, Leo. *História da riqueza do homem*. São Paulo: Zahar, 1981.

MARQUES, Ademar; BERUTTI, Flávio. *História Moderna* através de textos. São Paulo: Contexto, 1989.

POMER, Leon. *O surgimento das Nações*: o poder; a natureza histórica do Estado; os Estados nacionais. São Paulo: Atual, 1985.

RAMOS, Fábio Pestana. *No tempo das especiarias*. São Paulo: Contexto, 2000.

SANTOS, Milton. Por uma outra globalização: do pensamento único à consciência universal. São Paulo: Record, 2000.

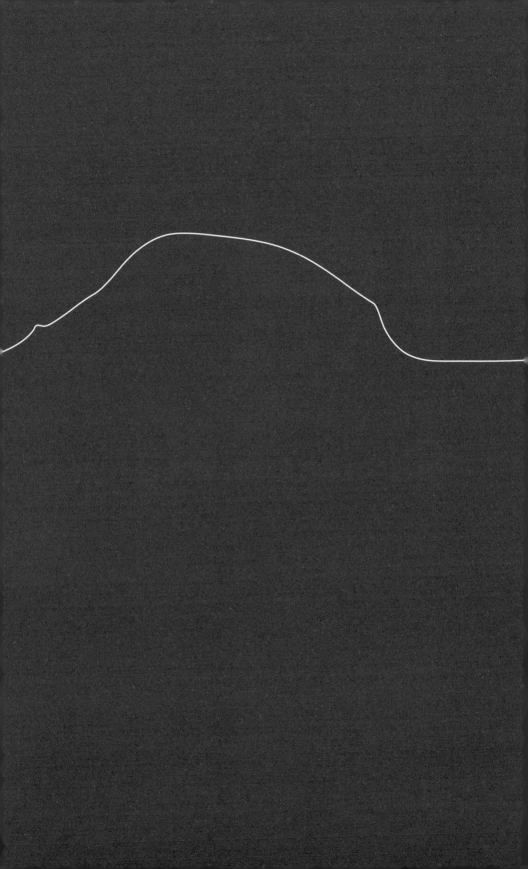

5. A História do Brasil na perspectiva da construção do espaço da cidadania

O estudo da História do Brasil, desde a década de 1980, tem sofrido mudanças importantes. Para compreender tais mudanças, é preciso fazer uma breve retrospectiva das características do ensino da disciplina, no Ensino Médio, nos últimos quarenta anos.

Até meados da década de 1980, especificamente até o período que corresponde ao processo de abertura política, a História do Brasil era trabalhada, em sala de aula, no Ensino Médio, de forma linear, com exposição de fatos, nomes e datas que valorizavam o heroísmo de personagens como: Pedro Álvares Cabral, D. Pedro I, Marechal Deodoro da Fonseca, Tiradentes, bandeirantes como Domingos Jorge Velho, um dos responsáveis pela destruição do Quilombo dos Palmares, Getúlio Vargas e uma infinidade de outros.

Esse modelo de ensino estava apoiado na concepção positivista que vigorou durante o período que corresponde à Ditadura Militar (1964-1984). O tratamento dado aos conteúdos da História do Brasil reafirmava os valores da elite agrária e industrial brasileira.

Os governos militares dirigiram o País com suas próprias regras, sem levar em consideração a Constituição, e, portanto, desprezando o respeito e a garantia dos direitos civis.

A ideologia que estava por trás desse mecanismo de poder conferiu privilégios à elite econômica e aos militares, que se mantiveram no poder durante vinte anos, além da herança de vícios e valores que, ainda hoje, são encontrados em diferentes setores da sociedade.

Os filhos da classe média e da classe trabalhadora estudavam a História brasileira dessa forma, como se o Brasil fosse um país independente do domínio estrangeiro e seguisse um curso "natural de evolução".

Uma naturalidade que exaltava sua "grandiosidade territorial", sua "exuberância natural", seu "povo obediente, trabalhador e ordeiro", sob o controle dos militares e conduzidos economicamente por empresários "responsáveis e comprometidos" com o desenvolvimento da Nação. Essa era a receita veiculada pela mídia, controlada pela censura do governo. Alguns *slogans* criados na época, como "Brasil, ame-o ou deixe-o"; ou letras de músicas que embalavam a juventude propagavam amplamente essa ideologia.

> Eu te amo meu Brasil, eu te amo.
> Meu coração é verde, amarelo, branco, azul anil.
> Eu te amo meu Brasil, eu te amo.
> Ninguém segura a juventude do Brasil.
>
> *Os Incríveis, 1970*

O ano de 1970 foi especialmente importante para a consolidação dessa ideologia. A vitória do Brasil na Copa do Mundo de futebol foi uma espécie de coroação da ideia de país ordeiro, trabalhador, cordial e, acima de tudo, vitorioso (não é à toa que a História trabalhada em sala de aula tinha como foco exaltar uma infinidade de heróis).

A conquista do tricampeonato de futebol no México foi embalada por um hino que confirmava a ideologia do governo militar, financiado pela burguesia e pelo capital norte-americano. O hino exaltava um país rumo à modernização, a união da sociedade pelo desenvolvimento e pelo crescimento, sem diferenças sociais, raciais e ideológicas. O futebol foi o instrumento essencial, utilizado como símbolo da identidade nacional.

Pra frente Brasil

Noventa milhões em ação
Pra frente Brasil, no meu coração

Todos juntos, vamos pra frente Brasil
Salve a seleção!
De repente é aquela corrente pra frente,
parece que todo o Brasil deu a mão!
Todos ligados na mesma emoção, tudo é um só coração!

Todos juntos vamos pra frente Brasil!
Salve a seleção!
Todos juntos vamos pra frente Brasil!
Salve a seleção!

Gol!

Somos milhões em ação
Pra frente Brasil, no meu coração

Todos juntos, vamos pra frente Brasil
Salve a seleção!
De repente é aquela corrente pra frente,
parece que todo o Brasil deu a mão!
Todos ligados na mesma emoção, tudo é um só coração!

Todos juntos vamos pra frente Brasil!
Salve a seleção!

Todos juntos vamos pra frente Brasil!
Salve a seleção!
Salve a seleção!
Salve a seleção!
Salve a seleção!

Miguel Augusto, interpretado pelos 'Os Incríveis', 1970

Impulsionado pela sociedade e pela conjuntura internacional, desde o final da década de 1980, com o processo de abertura política, o ensino da História do Brasil sofreu alterações significativas. A lenta e gradativa redemocratização chegou à sala de aula. Os professores que tiveram como base uma formação ideológica vinculada ao materialismo histórico contribuíram para o desenvolvimento de um trabalho que permitiu aos alunos do Ensino Médio, da década de 1990, ter sobre a nossa História um olhar crítico, questionador, que passou a repensar as relações de poder e dominação, como também valorizar os movimentos sociais como forma de resistência.

A ditadura militar instaurada a partir de 1964 deixou como legado para a Educação uma escola tradicional e extremamente conservadora, porém, o trabalho de centenas de professores identificados com as ideologias de "esquerda" produziu marcas importantes para romper com a visão linear e positivista da direita.

Lá fora, a queda do muro de Berlim, em 1989, e o crescente processo de globalização trouxeram para a sala de aula novos desafios.

Para que a História do Brasil não se entregasse novamente ao passado imóvel, a concepção da Nova História, que reafirma a concepção materialista, mas agrega a ela a necessidade do desenvolvimento de um sujeito histórico que parte da sua realidade presente e retoma as experiências do passado, tem se mostrado como uma possibilidade real de o aluno perceber-se como sujeito histórico de fato.

Para que isso ocorra na prática, o aluno do século XXI, a partir de uma análise da realidade social, política, econômica e cultural que o cerca, encontra no passado movimentos sociais que foram fundamentais para o processo de construção do espaço da cidadania.

O aprofundamento do conhecimento sobre a História do Brasil, na concepção da "Nova História", deu voz àqueles que, durante muito tempo, foram considerados vencidos e, muitas vezes, esquecidos, limitados às ações pouco representativas do processo histórico.

Por isso, considera-se primordial que os alunos encontrem, no passado brasileiro, sujeitos históricos anônimos que foram fundamentais para o rompimento da dominação secular do autoritarismo.

Se considerarmos a História brasileira a partir de 1500, chegaremos à conclusão de que ficamos 389 anos sob o controle direto ou indireto de Portugal, e de todas as necessidades e interesses que advinham desse domínio; com a Proclamação da República (1889), o Estado permaneceu governado pela elite agrária.

De 1930 a 1945, o Brasil viveu sob a ditadura do Estado Novo, liderada e conduzida por Getúlio Vargas, apoiado pelos grupos economicamente poderosos.

De 1964 a 1984, outra ditadura; dessa vez, o Estado passou a ser governado pelos militares, também subsidiados pela burguesia e pelo imperialismo norte-americano.

Por isso, o papel desempenhado pelos professores, ideologicamente comprometidos com o materialismo histórico, foi fundamental, pois abriu espaço dentro da sala de aula para o questionamento das verdades absolutas impostas pela visão da classe dominante. Os mesmos heróis idolatrados antes já não eram assim considerados.

Desafios educacionais do século XXI

Contudo, desenvolver apenas o senso crítico do aluno, diante de tantos séculos de domínio da elite, deixou de atender as necessidades dos adolescentes do século XXI.

Para desenvolver um trabalho de História do Brasil no Ensino Médio, com os alunos, em tempos como os atuais, não é uma tarefa simples, não basta ter apenas uma visão crítica das elites, é preciso considerar que em cada período da História brasileira a resistência dos grupos que não estavam no poder e não concordavam com ele ocorreu e foi importante para o rompimento desse ciclo.

É preciso, porém, analisar de forma criteriosa o modelo de democracia que temos atualmente, para que o aluno perceba que as eleições e a liberdade de imprensa são essenciais e que a distribuição de renda é absolutamente necessária, bem como a estabilidade econômica.

Mas, o espaço da cidadania é muito mais amplo, e cabe aos sujeitos históricos anônimos da atualidade conquistá-lo. Tal conquista passa pela luta constante por educação e saúde de qualidade, desde o atendimento até os cuidados essenciais com a vida.

Nos últimos 16 anos, o governo brasileiro foi conduzido por um sociólogo e por um operário. O povo brasileiro recentemente elegeu uma mulher para ocupar o cargo da Presidência. Do ponto de vista histórico, estamos diante de conquistas incontestáveis. Mas, mesmo assim, a democracia brasileira ainda não atingiu a cidadania plena em todos os setores da sociedade. Ainda é possível encontrar ranços que nos remetem ao tipo de dominação do passado.

Erradicar a miséria é sem dúvida um projeto e um desafio valioso. Contudo, precisa vir acompanhado por outros projetos que garantam ao conjunto da sociedade educação, trabalho, moradia, saúde, transporte, acesso à arte e ao lazer com qualidade.

Promover a ascensão social e econômica dos grupos menos favorecidos não basta.

Considerar que adquirir bens de consumo é diminuir a pobreza pode se transformar num equívoco, quando não se investe numa educação de qualidade; pode representar, no futuro, a condenação do indivíduo a outro tipo de pobreza. Pode significar a sua exclusão de um espaço fundamental para o desenvolvimento humano, é negar a ele o direito da condição de cidadão.

Os desafios dos brasileiros do século XXI ainda esbarram em questões como diminuir drasticamente a corrupção; buscar uma economia cada vez mais sustentável; promover a reforma fiscal; fortalecer a importância do Brasil nas negociações internacionais, especialmente com os países desenvolvidos.

São desafios que o professor de História, que trabalha no segmento do Ensino Médio, pode trazer para dentro da sala de aula e encontrar no passado movimentos sociais que abriram caminhos para conquistas importantes e que representavam grandes obstáculos, que geram importantes conflitos.

O professor de História tem, nesse momento especialíssimo, a possibilidade de construir com seus alunos o conhecimento significativo sobre a História do Brasil, da mesma maneira que o professor de Biologia teve há alguns anos quando questões ligadas à sobrevivência humana no Planeta tornaram-se urgentes.

Um olhar para o presente

A contextualização do passado brasileiro, na perspectiva da construção do espaço da cidadania, é o objetivo das atividades propostas com o seguinte procedimento:

(i) identificar uma questão social atual ligada à cidadania;
(ii) buscar no passado movimentos sociais que enfrentaram essa mesma questão.

Como os desafios são inúmeros, a sugestão para o tema sobre História do Brasil está disposta em uma atividade que serve de base para que o professor crie outras nos mesmos moldes, envolvendo outros assuntos.

Atividade 1

- Sugere-se que o professor leve para a sala de aula notícias de jornais e revistas que falem sobre as questões vinculadas à igualdade racial; os alunos deverão fazer a leitura desse material e debater amplamente o assunto.

- Ainda, apoiado pelo material didático adotado, ou outro texto de escolha, o professor deverá propor aos alunos a análise profunda sobre:

    (a) as origens dos africanos que vieram para o Brasil como mão de obra escrava;
    (b) a resistência cultural desenvolvida nas senzalas; a criação dos quilombos e a ideologia que estava por trás deles;
    (c) a participação dos afro-brasileiros em movimentos como a Conjuração Baiana, a Revolta dos Malês, a Farroupilha, entre outros.

Pode-se finalizar a atividade com um debate que tenha como conteúdo as conquistas dos afro-brasileiros hoje, em diferentes setores sociais e institucionais, e a maneira pela qual todos os movimentos sociais do passado contribuíram para que o estágio atual fosse alcançado.

O debate poderá, também, ampliar as reflexões sobre o que ainda precisa ser conquistado para que a desigualdade racial seja, definitivamente, banida da sociedade brasileira.

Sugestão de reportagens

1) "Negros têm de ser prioridade no Brasil sem Miséria', diz ministra da Igualdade Racial." Disponível em: <http://www.estadao.com.br/noticias/nacional,negros-tem-de-ser-prioridade-no-brasil-sem-miseria-diz-ministra-da-igualdade-racial>. Acesso em: jan. 2012.

2) "Declarações de Bolsonaro são 'caso explícito' de racismo, diz ministra da Igualdade Racial." Acesso em: jan. 2012. Disponível em : <http://www.estadao.com.br/noticias/nacional,declaracoes-de-bolsonaro-sao-caso-explicito-de-racismo-diz-ministra-da-igualdade-racial-,700530,0.htm>.

3) "Pesquisa divulgada pelo IBGE demonstra discriminação racial no Brasil. Dados da PNAD mostram que pretos e pardos têm piores condições de educação, renda e expectativa de vida." Disponível em: <http://revistaepoca.globo.com/Revista/Epoca/>. Acesso em: jan. 2012.

Referências

CHAUÍ, Marilena. *Conformismo e resistência*: aspectos da cultura popular no Brasil. São Paulo: Brasiliense, 1985.

DE DECCA, Edgar. *1930:* O silêncio dos vencidos. São Paulo: Brasiliense, 1981.

FAUSTO, Boris. *A revolução de 1930*. São Paulo: Brasiliense, 1983.

GUSTAVO, Miguel. *Pra frente Brasil!* Intérprete: Os Incríveis, 1970.

MAXWELL, Kenneth. *A devassa da devassa* — a Inconfidência Mineira: Brasil e Portugal (1750 - 1808): tradução de João Maia. Rio de Janeiro: Paz e Terra, 2ª ed. 1978.

OS INCRÍVEIS. Album 1970. Rio de Janeiro: RCA, 1970.

SEVCENKO, Nicolau. *Literatura como missão*: tensões sociais e criação cultural na Primeira República. São Paulo: Brasiliense, 1983.

SILVA, Hélio. *O primeiro século da República*. Rio de Janeiro: Zahar, 1987.

SODRÉ, Nelson Werneck. *Formação histórica do Brasil*. Rio de Janeiro: Grafha, 2002.

VIEIRA, Evaldo. *Estado e miséria social no Brasi*l: de Getúlio a Geisel. São Paulo: Cortez, 1987.

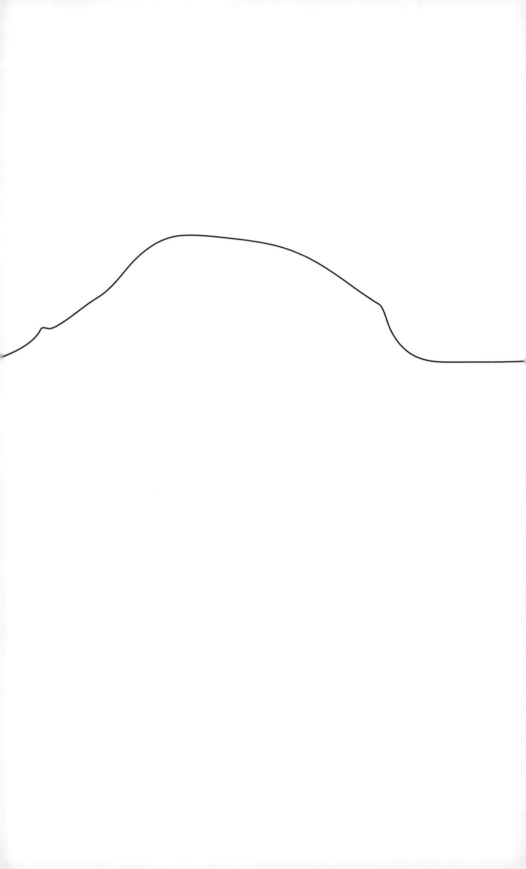

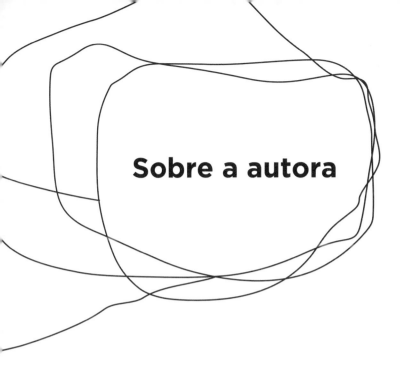

Sobre a autora

Formada em História pela Pontifícia Universidade Católica, com formação em Psicanálise pelo Centro de Estudo em Psicanálise. Autora de livros didáticos para o Ensino Fundamental – *Coleção Tempo de Aprender* e *O ensino de História nos anos iniciais do Ensino Fundamental*.

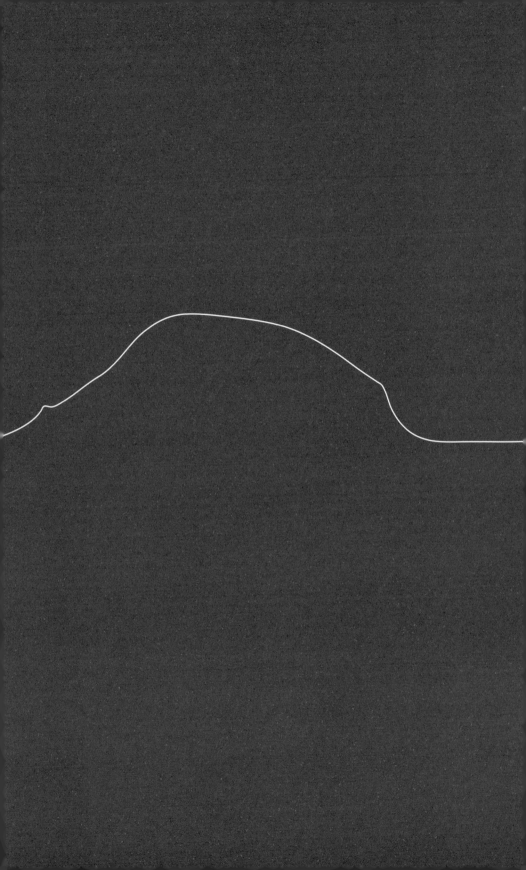

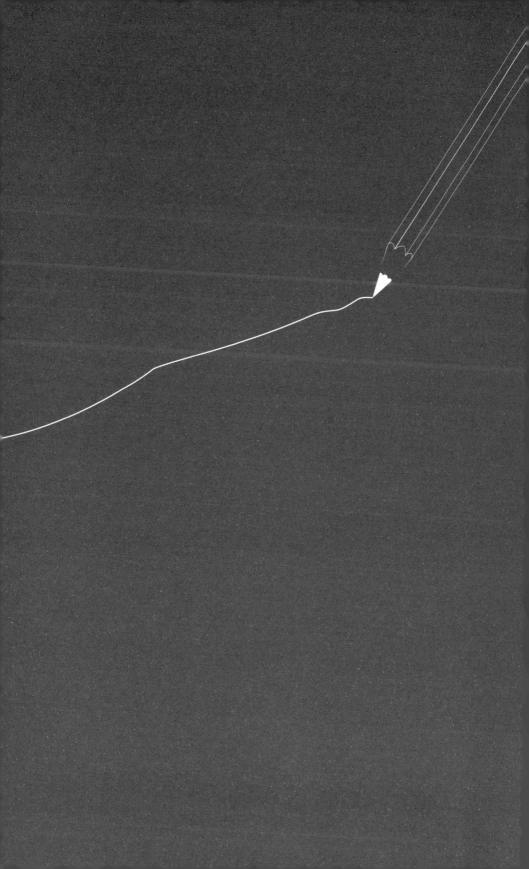

SOBRE O LIVRO
Formato: 15 x 23 cm
Mancha: 10,5 x 18,5 cm
Papel: Offset 90 g
nº páginas: 112
1ª edição: 2012

EQUIPE DE REALIZAÇÃO
Assistência Editorial
Cyntia Vasconcellos

Assessoria Editorial
Maria Apparecida F. M. Bussolotti

Edição de texto
Maria Apparecida F. M. Bussolotti (Estabelecimento de texto)
Juliana Maria Mendes (Revisão)
Lindsay Gois (Revisão)

Editoração eletrônica
Renata Tavares (Capa, projeto gráfico e diagramação)

Impressão
Edelbra Gráfica